每天，留3分鐘給自己

冥想

3 Minutes to meditate

克里斯多夫・安德烈（Christophe André）——著
彭小芬——譯

向我的朋友路奇歐・比吉尼（Lucio Bizzini）致敬，
他是足球員和優秀的心理學家，
私底下默默付出許多心力在法語地區推廣正念，
並將這項理念散播到我的心裡：僅此表達我的感情、
敬佩與謝意。

目錄 CONTENTS

用心體會你的人生

什麼是冥想？

冥想的歷史非常久遠。在東方與西方，人類練習冥想已經有兩千五百多年。如今之所以掀起一股冥想的熱潮，原因有好幾個：可以選擇非宗教性的冥想方式（不需要信仰這個或那個宗教也可以練習）；進入的門檻低（入門大約只需要八個星期，而且這裡指的還不是什麼速成課程）；此外，冥想的好處已經獲得許多科學研究的證實。

除了這三項特點——非宗教性、簡單易學、科學上證明有效，冥想還可以幫助我們對抗這個時代的一些重大心理污染，例如物質主義、消費主義、數位分心症。冥想讓我們得以重新聚焦於事物的本質，因此稱之為「心靈鍛鍊」是很恰當的。

我怎麼接觸到冥想

我是精神科醫師，專長是治療情緒困擾，也就是跟壓力、焦慮和沮喪相關的病症。起初我關心的是這些病症的治療，除了藥物，更少不了認知與行為療法，這是一種結合「具體的情境處置」以及「與患者會談」的治療方式。後來我對於如何預防患者再度陷入情緒低落越來越感興趣，因為對於情緒困擾的患者來說，唉！令人遺憾，反覆發作的情況是司空見慣的，他們終其一生都應該學習調控自己的情緒，也就是從日常中導入可持續修正的生活型態、新的習慣以及新的生活方式。這不止牽涉到飲食和身體運動，也和患者的心理風格有關：他們如何看待世界，跨越自己的情緒，迎接順境與逆境。在這個前提下，我開始運用正念（plein conscience）[1]冥想的方式來治療我的患者。

我要強調很重要的一點：「正念」是當今的精神治療界所採用的冥想方法。這個概念源自佛教，但是經過調整並排除了宗教性，才被應用在治療的環節當中（我一點也不反對佛教，但是我們不會直接拿宗教的方法來進行治療）。我在一九〇年代末期，看了一些率先探討這個問題的科學刊物，開始對冥想產生興趣。大家都知道，偶然往往會促成好事，我就是在偶然之間遇到馬修・李卡德（Matthieu Ricard）[2]，他解答了我對於佛教冥想的一些疑問，幫助我認識冥想，並且讓我知道他和以科學方法研究冥想的幾位先驅學者有往來。我因此與喬・卡巴金（Jon Kabat-Zinn）、辛德・西格爾（Zindel Segal）等人合作，從二〇〇四年開始，在我任職的巴黎聖安醫院，將這種冥想方式推薦給院內的病患團體。無論對於我們這群治療者或者對於患者來說，結果都很令人振奮。我們覺得自己

1 譯註：法文的 plein conscience，相對應的英文是 mindfulness，直接翻譯的意思是「完全意識」或者「完全察覺」，但中文採用「正念」這個佛教用語，因為它本來就是源自佛教的概念，而且普遍為冥想練習者所熟悉。

2 譯註：生化學家與藏傳佛教僧侶。

似乎找到了某種真正創新的方法，不僅療效卓著，治療者與患者對於生命的看法都可以因此獲得修正。

然而當時，冥想還是在某些病人和醫師之間引起一些疑慮。他們有時候會擔心我們是不是屬於某個教派，或者我們所推薦的會不會只是某種新世紀的治療妄想。我始終認為這種疑慮非常正當，我們絕對不可以用民間傳說的方法來進行治療；病人信賴我們，我們不能因為不夠嚴謹而辜負他們。因此，為了避免引人擔憂，我們一開始的說法是「專注力的鍛鍊」。這樣說其實也沒錯，因為冥想有助於將注意力維持在真實的事物上，以免它迷失在無止盡、令人疲乏與痛苦的虛幻思緒中。

如今我們已經治療過許多病人，有許多治療師加入我們，而正念冥想在法國和世界各地也開始廣受矚目，有越來越多的相關研究獲得發表，越來越多的醫師和治療師採用這種療法，以此作為處方。在法國也開始為這項治療的專業人員開設大學的學程，例如史特拉斯堡的「冥想與神經科學」學程，巴黎的「冥想與治療關係」學程，當然還有其他新設立的學程。

自此之後，在醫學和精神病學界，正念冥想逐漸被視為適當而且合法的治療與預防工具，它的各項優點，也開始在校園和企業界受到認可。

冥想為我帶來了什麼

以我個人來說，冥想在我的生命中扮演非常重要的角色。我會這麼說，是因為我的經歷，在我看來，跟其他的許多人有共通之處。

我或許也有一些占優勢的地方：小時候我是一個習慣沉思的孩子，喜歡安靜和獨處。可是隨著年紀漸長，我已經忘掉這個面向，完全受制於成人生活的節奏與習慣：行動、反應、心神不寧或工於心計，後來我經歷到一件個人悲劇。因為人們很少只是出於好奇心或者偶然就開始冥想，總有那麼多的痛苦要紓解，那麼多的問題要解決。我還記得在某一場研修會上，有一位成員提問：「在座的各位，是否有人沒有面臨任何問題，沒有承受任何痛苦？」沒有任何人舉手，想當然耳；接著她又問：「內心正面臨著問題的在座各位，有誰寧可把問題藏在心裡也不打算舒緩或解決？」舉手的人數並未增加。每個人都有痛苦，每個人也都希望能解除痛苦。

我的個人悲劇是最要好的朋友發生摩托車車禍，最後死在我的懷裡。我深受打擊，於是躲進土魯斯附近的一間修道院，想讓自己的心情平靜下來。這間修道院，我以前就聽好幾個病人提起過。我在這裡學到沉思冥想，安靜禱告的生活。

我記得剛開始時不太適應，我已經不習慣什麼事都不做，不以行動或消遣來逃避自己的考驗。當時的我很痛苦，我是帶著很多的苦惱到那裡去的。最初幾天，我的焦慮和哀嘆有增無減，懷疑自己來到這裡有什麼用。與此一模一樣的感受，我的許多病人在最初的幾堂冥想課也曾經歷過，後來再堅持下去，這些不好的感受就漸漸被排除了。我體驗到自己內在的轉變，其實外在的世界並沒有任何改變，是我自己，我的看法調整了。我離開修道院時就有預感，我經歷了很重要的事，這件事對我來說非常珍貴而且必要，後來我又多次閉關學習冥想。我對這件事一直很熱愛，每次要出發時，就像要去度假般的活力十足。在這些研修課程的回憶中，夾雜著一些困難的時刻（無聊、厭煩）和許多令人感動的時刻（充實、和諧）。

事後看來，如今我覺得，冥想或許是對我個人而言最有貢獻的心理學工具。例如在情緒苦惱的時候，冥想能帶給我很大的幫助，讓苦惱變得沒有那麼強烈，也不會持續那麼久，因此我比較能夠面對不愉快的過程和逆境。冥想也讓我的心更寬廣，使我更能夠品味美好的時刻，更明白只有可能的幸福來源還不夠，你要打開自己的感受，去注意到這些幸福，對它們敞開你的心。不要只是在路過時看看天空或者花朵就滿足了，你要停下來，就算只有幾秒鐘也好，深呼吸，品味我們經歷的這一刻。冥想帶來的兩個禮物——更容易走過逆境的寬廣心胸，更能夠適時體會美好的時刻，幫助我走向我所謂的「了然於心的幸福」，這種幸福，即使是身處逆境時，也可以浮現出來。

我如何冥想？

具體的做法嗎？我跟大家一樣。規律的練習冥想並不是那麼容易，我也要努力才做得到，但是我持續練習，因為付出的努力會得到百倍的回報。

每天早上，我會先從五到十分鐘的正念伸展開始，然後我會根據當天的情況，坐著冥想十到三十分鐘。時間有限的日子花個十分鐘（有時甚至只有五分鐘，重點是坐下來好好地察覺自己內在的狀態），週末或度假時可以冥想二十到三十分鐘。我會使用計時器，這樣就不必去想時間已經過了多久，可以全心投入練習。

通常在白天，我會穿插幾次正念的練習，通常是在等候的空檔或者情緒起伏時：愉快時可以好好地回味，不愉快時可以從容地面對。

到了晚上，我會要求自己在睡前做一次正念練習，讓我的身體和精神都能平靜下來。

關於冥想的研究說明了什麼？

冥想對於健康的好處很多。在生理上會造成有利的影響，強化免疫力，降低發炎的程度，似乎能夠延緩細胞老化，修正跟壓力相關的基因的表現……這很重要，因為在影響我們身體健康的因子中，有些不是我們能夠控制的（遺傳、空氣、飲水和食物的潔淨或污染程度），有些我們可以自己決定，例如鍛練身體、飲食和冥想。

練習冥想另一個立竿見影的好處，就是可以穩定注意力。注意力是一種不可或缺的能力，可以確保我們的行動和想法有最低限度的連貫性，使我們的思考更深刻（也就是所謂的專心）。可是現代的環境會威脅到我們的專注能力，以中斷、煽動，來自於螢幕、廣告和消費社會的種種刺激，持續地干擾我們。而且，由於缺乏自制力，我們往往對於這些刺激、衝動和各種誘惑毫無招架之力。如果我們活在自然的環境中，干擾因素很少見，所以不成問題；可是當代的環境是人工化的，受到一些大企業的操縱。這些大企業為了獲利，刻意使我們產生各式各樣的衝動，我們還以為這些衝動就是真正的需求，事實上這些衝動所反映的，只是大企業的股東想要賺更多錢的需求。

冥想也是一個讓我們更深入認識自己的方法。冥想可以幫助我們更清楚地觀察並了解自己內心的運作方式，更能看出自己的想法和情緒如何產生與消失，而這些想法和情緒，對於我們的行為，對於我們的衝動，具有強大的影響。這一點很重要，因為我們的許多苦惱，是來自於我們自己！人生為我們提供逆境，可是我們會自己加上胡思亂想、擔憂和絕望，使得逆境更是加倍難以忍受。冥想可以讓我們看出自己的內心如何脫離真實，走向自己認知的虛幻。冥想也幫助我們回歸真正的問題，而且只限於問題本身，不添加別的東西。

冥想對於情緒平衡的好處同樣獲得了證實：它會逐漸引導你感受到比較少的負面情緒，比較多的正面情緒。這很令人驚訝，因為我們並沒有要求學習冥想的人刻意去感受比較少的負面情緒和比較多的正面情緒。然而僅僅是用心體會我們的生活、我們的幸福與不幸，就可以自然而然地將我們導向重新平衡。這很重要，因為人腦傾向於偏好行動而非深思（即使在愉快的時候，人還是傾向於邁向下一刻，而不是好好地品味這一刻）。同樣地，人腦傾向於重視負面（有待解決的問題）更勝於正面（值得欣賞品味的美好事物）。

冥想對於傾聽和人際關係也有好處。藉由正念，我們學會真正的傾聽別人，不下判斷、不預設答案。這很重要，因為我們的社交習慣有時候會妨礙我們與人交往：只想說服別人而不試著去了解、經常在趕時間、擔心效率、直接說重點。可是人與人之間不見得總是能夠以這種調性來運作。在人際關係上，就像其他方面，我們會需要慢下來，具有感受別人的能力。

在面對自我與面對世界時，冥想當然也是有幫助的。正念不僅是一種簡單的工具，可以改善我們的腦部表現、情緒表現和行為表現（光這樣就已經很了不起了）；從整體來看，冥想更代表一種生活的方式，可以全面性地、逐漸地調整我們跟自己以及我們跟世界的關係。這是一種培養自己的靈性的途徑。靈性是人類自我的一部分，它不見得符合邏輯和智力的規則，不容易以言語來描述。靈性，就是我們心靈的生命，當靈性對一切太複雜的東西，例如：生、死、超越、無限、宇宙、創造……保持開放時，才能夠以智力來理解，以文字來描述。靈性可以是非宗教性的，也可以包含在宗教信仰中。達賴喇嘛曾經說過：「我們活著可以沒有茶，但不能沒有水；同樣地，我們活著可以沒有宗教，但是不能沒有靈性。」若沒有靈性，我們就不是人，只是機器。

如何冥想？

這本書所探討的主要是「正念」。這是一種最簡單、最主要的方式，在其他形式的冥想中也可以找得到。

正念就是親身體會我們所經歷的一切。強烈、專注的全心體會，但是不反應。要開始嘗試體驗非常簡單，現在就來試試看：觀察你在這一刻的體驗，包括呼吸、身體、聲音、五官的整體感受、想法……但不必試著做任何調整。

在冥想的世界中，指導者會強調姿勢的重要。姿勢會讓冥想狀態更容易達到，但我們不強求冥想狀態，只是做好一切準備，等候冥想狀態出現。我們特別強調兩種姿勢：身體的姿勢和心靈的姿勢。

關於身體的姿勢，其實只要求坐著，背挺直，肩膀打開，雙腳平放在地，雙手擺在大腿上。眼睛可以閉上或者半閉，儘管有些人偏好在冥想時雙眼睜開。

接下來是心靈的姿勢。這裡指的是完全不期待，不想要，不嘗試。只是單純地體會，接納一切，觀察一切。這不是那麼容易，因為很不習慣！通常我們付出努力會想得到結果，我們喜歡感受到愉快的事物，抗拒不愉快的事物。練習正念冥想時，我們有不同的作法。我們會接納並心平氣和地觀察出現的一切，存在的一切。要努力的並不是去控制，而是去體會。

接下來要開始真正的冥想練習，這通常會經歷四個階段，最後一個階段沒有強制性。

第一階段：停下來，坐下來。這沒有那麼簡單，因為我們已經習慣從事某種活動或者消遣，但是對於「不作為」完全沒有心理準備。不作為並不是昏昏欲睡或者懶洋洋，的確我們是什麼都不做，但我們要把這一點做好！哲學家安德烈・貢史邦維爾（André Comte-Sponville）有坐禪的習慣，他曾經開玩笑說禪修的藝術就是：「什麼都不做，但是做到徹底！」當我們花時間冥想時，我們是有警覺的，我們會感受，會觀察……凡是需要採取行動或做決定的，就等之後再說。

第二階段：體會呼吸，讓注意力穩定下來。為什麼要穩定注意力？因為通常當我們開始練習冥想時，心思容易亂跑或者被別的事占據。冥想經常需要與其他的活動競爭，才剛坐下來，內心最想要的，就是站起來去做別的事，突然間想起的某件事，而且我們會覺得（幾乎總是錯覺）這件事最緊急。為什麼是呼吸？因為注意力很難固定在不會動的東西上。

曹洞宗[3]的信徒在冥想時，必須連續好幾個鐘頭面對著道場的白牆，我可以告訴各位，這對初學者來說並不容易！相反地，注意力比較容易放在會動的物品上（例如電視或電腦螢幕上動來動去的畫面），我們稱之為活動目標。有一個隨手可得而且非常好的活動目標，那就是呼吸，一直是安靜的動作，一直跟著我們。注意，這裡所指的並不是去感覺自己的呼吸，也不是去思考呼吸這件事。接下來，你要做延伸的練習，訓練自己去察覺到注意力的閃失和心思飄走的時刻，並把心思拉回到呼吸上。心思飄走是正常的，心靈會製造念頭，就像肺會製造呼吸。我們的目的並不是要讓心靈變成空的，而是要意識到心思有遊蕩的傾向，並且在心思遊蕩的情況下訓練自己。

第三階段：擴大自己的意識空間。一旦注意力穩定下來，我們就要努力把意識的空間擴展到最大，並且墜入一種所謂「開放」或者「無目的」的意識中。在這種形式的意識中，我們只是單純地，但是專注地體會這個世界和我們感覺到的呼吸、身體、聲音、想法、情緒，以及所有來來去去的五官感受。每次當我們意

3　編註：中國禪宗的五個主要流派之一。

識到我們的心思集中在某件事情上（某些想法、某些身體的感覺、令人愉快或不愉快的聲音）時，我們接受，但我們會輕輕地、規律地把注意力的空間重新打開以迎接其他的一切：完全地意識到呼吸、身體、聲音，注意到想法不斷的變動。如果心靈又縮起來，我們就把它重新打開。像這樣單純的體會，不抱期待也沒有目的，就是正念。我們可以停留在這裡，到達這個階段，已經為身體健康和神智清楚帶來很豐碩的成果了，不過我們還可以走得更遠。

學習這些正念的基礎只需要幾個星期的時間。對於初學者來說，這也是最容易入門、最友善的冥想方法，做起來簡單，效果也很快顯現。之後若要深化這些基礎，需要再花幾個月的時間。不過一旦熟悉了正念的練習方式，我們可以比較容易將心靈帶到你想去的地方，這樣就能夠探索其他的冥想世界：這就是第四階段。因為一旦注意力穩定下來，意識被打開，我們可以決定是要留下來，留在當下（正念達到這種程度，就已經有非常多的優點了，我們還可以花一輩子的時間，去探索正念的諸多微妙和豐富之處）。我們也可以利用這種正念的精神狀態來培養善意、同情、利他的愛等優點，或者從事一些更觀念性的練習（例如佛教在傳統上會探討一些跟「緣起依他」或「無常」有關的哲學問題）。不過這已經是更進階的冥想練習，傳統的、東方的或西方的不同指導者都有提供這種課程，如果你想朝著這條路前進，可以加入他們的行列。

什麼時候冥想？

冥想的時候，當然要停下手邊的事，坐下來，才能完成某些沿襲自傳統並經過現代研究重新審視的特定練習。不過冥想同時也是活出全然不同的自我存在，盡可能保持正念，而不是在完全沒有察覺的情況下度過如此多的時刻。

所以會有一些形式上的練習，也就是經過整理的，如同花式溜冰所謂的「指定動作」。我們每天早上都要先練習這些形式的冥想。

不過，白天的時候也可以穿插幾回正念的練習。停下來，體會自己的生命，就算只有幾分鐘也好。在等待的時刻，在轉換活動的時刻，還有情感波動的時刻，無論我們感受到的是愉快或者不愉快。我們停下來，呼吸，欣賞美好的事物，回味幸福的時刻；同樣的，我們也要停下來，呼吸，藉由正念（不逃避也不胡思亂想）度過或者面對痛苦的時刻。

最後，可以在日常生活中從事任何活動時練習正念。吃東西、做菜、洗碗、走路、開車，為小孩讀一個故事，與人對話……在這些時刻，我們盡可能認真體會自己的行動。不一定要時時刻刻，因為很難做到（即使是令人回味或心情平靜的美好時刻）。我們可以偶爾容許自己一邊吃東西一邊看電視，或者一邊開車一邊聽廣播。但是我們要有警覺：這種情況是不是經常發生？如果是這樣，我們是不是應該找回心靈的平衡，讓心思回到當下這一刻？回到我們正在經歷的事情，而不是我們正在想的事情上？這是一個找回平衡的問題，跟哪一邊更優先無關。冥想未必勝過行動，當下此刻未必勝過未來的或者過去的時刻，專注於我們正在做的、正在經歷的事，未必勝過分心想別的事或者同時有很多想法、進行很多項活動。沒有必要去計較哪個好，哪個比較不好。所以說，什麼都好，什麼都可以！不過這是一個時刻、意識和選擇的問題：在生命中的這一刻或那一刻，我們需要的是什麼？我們真的有意識到我們經歷了什麼嗎？在這一刻，我們真的有按照我們所希望的去生活嗎？這些問題都是根本。因此花時間冥想，通常會讓我們變得更有智慧一些，思緒更清楚一些，心情更平靜一些。

或許卡繆（Albert Camus）就是基於這樣的心情，在《反與正》（L'Envers et l'Endroit）裡寫下這句精彩的話，我們引用來作為這篇文章的結尾：「如今我所希望的不再是幸福，而是有所察覺。」

這本書的使用方式

本書介紹四十種短時間的冥想，讓你可以從早到晚進行幾次正念的練習。

這本書就像一盒巧克力：不要一次吞下四十顆巧克力，最好是每天選擇一種口味的冥想，花一整天的時間練習它，品味它。

如果你是初學者，這些練習可以視為入門課程，或許會讓你想要更深入探索。

如果你已經有經驗，這些練習可以為你的冥想練習帶來新鮮感。

01

呼吸

拉馬丁（Lamartine，法國浪漫主義詩人）

我在唱歌，我的朋友們，就像人在呼吸，就像鳥在呻吟，就像風在嘆息。

呼吸在冥想的練習中始終占據核心的地位。要使自己跟當下連結，這是最有用的方法。因此我們給初學者最簡單，也最有效的建議之一，就是在一天之中花時間做幾次呼吸練習，只要呼吸就好，在正念的情況下，呼吸二到三分鐘。

因為冥想時，要安定注意力。靠什麼來安定？通常最簡單的方法就是選一個所謂的「活動目標」，一個動作緩慢規律的目標。不然的話，注意力容易跑掉。在所有的活動目標中，比較常見的例如一波波的海浪、燃燒木頭的火焰、火車窗外流逝的風景。大部分的人都有突然陷入冥想的經驗，可是想要冥想的時候，不見得剛好可以凝視著大海或者點燃木頭。然而有個現成的活動目標就在我們的身邊，那就是我們的氣息，我們呼吸的動作。

練習 •••· Exercise

放下手邊正在進行的事。

如果你原本的姿態有點懶散，慢慢的拉直身體，把肩膀打開，脖子挺著，不要太僵硬。

不要企圖控制呼吸，以這種或那種方式呼吸……放任你的氣息來來去去。

不要去思考你的呼吸，只要感受它就好。

注意跟呼吸相關的感受：空氣進來，再出去，經過你的鼻腔和喉嚨，你的胸部和腹部的動作，高低起伏，有自己的節奏，感覺自己的整個身體在呼吸。

如果你的注意力跑掉了，沒有關係，這是正常的，只要再回到呼吸的意識，把所有跟呼吸有關的身體感受放回注意的核心……

意識到流動的空氣進出你的身體……

意識到胸部和腹部的動作，意識到你的整個身體在呼吸，獨自地，平靜地……

建議 ••• Suggestion

這個練習有什麼用處？或許沒有。不過它或許可以幫助我們發展出自己的專注能力。每次當我們注意到自己的心思沒有放在呼吸上，已經跟著別的想法跑遠了，我們就把心思拉回到呼吸，像鍛鍊肌肉那樣，稍微鍛練一下自己的專注力。

呼吸的正念也是這本書中介紹的所有冥想練習的基礎，因此我建議各位將這個小練習每天都做個幾次，每次花幾分鐘的時間，只要將心思集中在呼吸的動作上就可以了。

02

思緒喧囂

人類只要還活著，就有兩種過程沒有辦法停下來：呼吸和思考。事實上，我們可以刻意屏住呼吸，而且暫停呼吸的時間會比刻意不思考的時間更久。仔細想想，這種無法中斷想法、停止思考的能力缺陷，還真是一個可怕的限制。

喬治・史坦納（George Steiner，哲學家）

人們對於冥想經常有一種成見，以為我們可以讓心靈淨空，停止思緒無止盡的湧現，以便達到內心的平靜。

有些治療師會將內心不斷的喧囂戲稱為調頻廣播「心理FM」。它可能是干擾或痛苦的來源，例如當我們不想思考只想睡覺，或者當我們發現自己正在胡思亂想，正在傷腦筋，正感到焦慮時。有時候我們真的很想把心理FM的聲音關掉，然而這是不可能的，我們的思緒永遠不會停下來。當我們一睡醒，那些想法、計畫、影像、慾望就會不斷入侵我們的心靈。我們的腦會製造思緒，就好像我們的肺會製造呼吸，這是正常的。我們內心的喧囂就好像我們呼吸的動作，永遠存在，不可能停止，我們的腦只是在做它應該做的事。

不過，我們可以跟這些思緒保持距離。辨認它們，觀察它們，但不要緊黏著它們，不要追隨它們。當我們察覺它們進入我們的內心時，就跟它們分開，放它們走。就好像我們站在河邊，看著河水流過去，不用跟水流對抗。

練習 •••• Exercise

讓我們暫停片刻。

花時間重新感受我們呼吸的動作……同時也意識到我們嘈雜的思緒……我們的心靈往往在精神上緊縮，把它鬆開到最大。

不必試著打斷我們的思緒，只要意識到它們的存在……還有我們的呼吸……我們的身體……意識到聲音……意識到我們周圍的世界……

思緒存在於這一切之中，並不是什麼問題……

但是每次看到它們將我們的注意力完全吸引過去，完全占據我們的心靈時，我們就把心靈重新打開，迎接這一刻所有的體驗，不僅限於思緒……

不要企圖趕走思緒，只是要當心，別讓它們獨自占據我們的意識空間，規律地，重新邀請我們的感受進入內心，將我們的體驗擴大到我們所感受的一切：呼吸，身體，聲音……

建議•••• Suggestion

這裡的概念，當然不是不要去想，或者不要去反省。我們的想法往往很寶貴，可以帶來豐碩的結果……只是未必永遠如此，有時候，它們只是原地兜圈子，讓我們很苦惱……

如果思緒無法驅趕，那就把意識的空間打開，對其他的一切，對我們在此時此刻所有的體驗開放。

我的建議，在這一天之內都可以想想這件事：不時的稍微降低心理FM的音量，讓你的心靈對其他的一切開放，傾聽你的存在及其他所有聲音……

03

品味

查爾斯・克羅（Charles Cros，法國詩人）

希望我的最後一口氣，在被夏季的風的芳香帶走時，發出一聲快樂的嘆息。

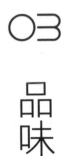

在心理學上，長久以來我們最關注的是面對困難的方式，長久以來我們也忽略了生命中最光明、最歡樂的部分。因為，除了痛苦的來源，還有幸福的來源，但後者經常被我們遺忘。

如果我們不花時間品味愉快的時刻，生活中還剩下什麼？我們的一生就只是一連串有待解決的問題，有待克服的逆境。當然，我們可以這樣活著，可以這樣生存下去。例如焦慮的人就是這樣：對他們來說，存在就是從一個苦惱跳到下一個苦惱，從一個問題跳到下一個問題。他們往往很有效率，卻很少有開心的時候。

品味不代表忘記困難，生活中總是會有煩惱，只是不要忘記將我們的心靈轉向美好的一面。就像保羅．克勞岱爾（Pau Claudel）所說的：「幸福不是目標，而是生活的方式。」

「生活的方式」，也就是說，幸福幫助我們面對困境，超越它，然後繼續活下去；並不是要避開困境。如果不幸福，我們就會缺乏對抗的勇氣，如果沒有幸福，我們的生活就幾乎沒有任何意義。因為活著，並不只是在對抗不幸。

練習 ⋯⋯ Exercise

為了品味，就必須停下來。

停下來看天空、看太陽，聽鳥的歌聲、孩童的笑聲。停下來品嘗這一口水、這一口咖啡、這一口茶、這一顆水果。為任何一個微不足道的小東西，為任何一個讓我們感動，讓我們欣喜的生活片段，停下來。

例如，有沒有什麼美好的、甜蜜的，令人喜悅的好事發生在你身上，在你的身邊，這一刻，就是現在？

不必尋找特例，平常的就可以。就算將來會有煩惱，為了接下來的這一刻，試試看：張開你的眼睛，找找看有什麼值得品味的，就在這一刻，現在⋯⋯

呼吸⋯⋯仔細看⋯⋯認真看⋯⋯花一些時間⋯⋯

讓這小小的喜悅進入你的整個心靈，整個身體，把它吸進來；讓它進來，藉著每一次的呼吸，讓它進入你全身所有的細胞；在呼吸的同時，品味你所獲得的。這一刻，你什麼別的都不需要。

建議⋯⋯ Suggestion

我們經常犯一個錯誤：看到或感受到幸福美好的時刻，卻沒有真正去體會。當你注意到天空很美時，是繼續進行手頭上的小事，還是放下一切來品味天空之美，這是完全不同的兩回事。

為了品味，就要停下來，真正的停下來。邀請身體來參加盛宴，欣賞這一刻的美好。所以要用整個身體，整個呼吸，一整個人，去感受生命的賜予。

每當一個單純的恩典從天而降，或者從腳邊浮現時，我們就停下來。我們停下來品味。每一天，每一天……

04

只專心做一件事

蒙田（Montaigne，法國哲學家）

跳舞的時候，我就跳舞，睡覺的時候，我就睡覺。當我獨自在美麗的果園中散步時，如果我的思緒偶爾停留在別的場合，我也會把思緒拉回到散步，回到果園，回到獨處的喜悅，回到我自己身上。

當代有一個迷思讓我很不高興，那就是頭腦的多工。有些賣螢幕的人想讓我們相信，在這個充滿各種刺激的新環境中（螢幕和手機，多重連結和音樂串流），我們的頭腦會演化，可以同時做好幾件事，例如一邊聽收音機一邊工作或閱讀，一邊開車一邊講電話，諸如此類。

這種情況或許終有一天會發生，在幾萬年之後吧！到目前為止，頭腦並不是這樣運作的。每一次當我們同時做兩件事，一方面，我們會做得比較不好，另一方面，這會讓我們感到疲倦和緊張。這個方程式很簡單：多工＝犯錯的風險＋緊張的風險。

可能是基於這個原因，從古至今，許多有智慧的人，例如蒙田或者東方的精神導師，都鼓勵人們經常練習「只專心做一件事」：只專心吃東西，只專心走路，只專心閱讀，只專心開車。雖然乍看簡單，只專心做一件事其實不容易。我們經常會想要同時做好幾件事，例如一邊閱讀一邊吃東西，一邊瀏覽郵件一邊講電話，或者做一件事時心裡想著另一件事，比方說一邊洗澡一邊想到今天的工作情形，跟家人同桌吃飯時想著各種煩心的事。因此我們做任何事都心不在焉，都沒有正念（沒有完全意識到自己正在做的事）。我們把自己搞得很累，會犯錯，會忘東忘西。這就是為什麼我們建議各位經常練習「只專心做一件事」。

練習••• Exercise

在日常生活中，不論你正在做什麼，習慣性地花幾分鐘的時間，專心體會你正在做的事，完全不去想別的事。

花時間去呼吸，去察覺你的身體處於什麼狀態，在這一刻……花時間去注意你自己和你所處的環境……

回想你的日常生活：你經常打算同時做好幾件事嗎？這會讓你處於什麼樣的狀態？

相對地，想想看，當你能夠對於正在進行的活動保持專注時，你有什麼感覺？然後把心思拉回到你的呼吸……回到你正在做的事，正經歷到什麼，慢慢回到「只專心做一件事」……

而且你要記得，人可以同時感覺到好幾件事，例如就在這一刻，可以感覺到自己的呼吸，自己的身體，周圍的聲音，可是人不能同時做好幾件事，這樣只會把事情處理得很草率，而且讓自己緊張……這不是我們想要的，從來就不是。

建議⋯⋯ Suggestion

如今的科學研究證實，當我們全神貫注在正在進行的活動時，無論是什麼活動，無論是工作或休閒娛樂，我們都會覺得比較愉快。

這些研究的結果，符合所有哲學和心靈的偉大傳統的建議：盡可能地專心體會你正在做的事。

所以稍微減少多工的情況，多工令人緊張，而且會誤事；不如採取「只專心做一件事」的哲學：只專心洗碗，只專心倒垃圾，只專心過日子，只專心看人生多美好。當我們決定全心投入正在進行的活動時，觀察此時所發生的一切，並評估這對我們造成了什麼影響。

05

意識到自己內在的狀態

保羅．瓦勒希（Paul Valéry，法國詩人）

你有許多祕密，而這些祕密，
你稱之為「我」。

觀察我們有多麼經常忽略自己，結果真是令人驚訝。這裡指的並不是反省自己的人生，而是單純地、善意地認識自己，經常察覺自己在此時、此地的處境。我們的身體正處於什麼狀態？是緊張、痙攣，還是放鬆？我們的心靈又在哪裡？是在真實事件中，還是虛幻的思緒裡？

我們在一天之中，會有幾次停下來，問自己這個簡單的問題：「這一刻，在我身上，發生了什麼事？」我們會花多少時間來回答這個問題？真有趣啊！如此地忽略自己。

注意喔！這裡所指的並非總是以自我為中心，就像懷疑自己有病的人老是擔心身體發出的聲音，或者自戀的人時時刻刻在意著自己的外表。這裡指的是懂得在行為舉止方面自愛自重的人，經常會花時間停下來傾聽自己，了解自己。

想像有一對伴侶，兩個人都從來不問對方「你還好嗎？」尤其是在有疑慮、有麻煩、有困難的時刻……在我們和自己組成的奇特伴侶關係中，抽出一點時間好意地、單純地問候自己吧！

練習•••• Exercise

這個練習是要讓我們和形成我們內在經驗的一切連結起來，不必試著判斷好壞，或者想要改變什麼，至少在第一階段……

什麼時候要這麼做？當我們有疑慮，覺得自己軟弱、憂慮，有什麼任務無法完成、無法專心、無法理解當下的情況時……或者單純就是當我們沒什麼明確或緊急的任務要完成的時候……

這種時候，我們就停下來，觀察……

我們首先觀察自己的呼吸，感覺自己呼吸的動作……然後我們要體會身體所有的感覺，無論是舒服的或者不舒服的……

體會我們的想法的本質，體會出現在我們心靈中的畫面，體會我們在情緒上的感受：這些感受在我們的體內如何呈現出來？

停下來……呼吸……感受……觀察自己的想法……

像這樣，我們更清楚自己當下的處境……總之就是我們正處於什麼樣的狀態。

或許我們可以更明白應該怎麼做……如果本來就有什麼事情是該做的……因為這種和自己親近的時候，往往就是下判斷的時候。

建議••••Suggestion

我們經常會有一種分心或者跟自我缺乏連結的感覺。現代的生活更容易造成這種感覺，因為生活的步調加快，讓我們更容易注意力缺失。

解決之道並沒有那麼複雜。當生活拉扯我們的袖子，對我們說：「來呀！來呀！你看，擔心這個，買下那個……」的時候，平靜地看著自己，花時間讓已經分心的自己回過神來，花時間去體會當下的自己。

生活越是這樣從各方面煽動著我們，拉著我們脫離自己的內在，我們就更應該定期地把心思收回來，花時間找回自己。（你在哪裡？我在這裡。你現在是什麼狀態？像這樣或那樣。）每一次沒看到自己的時候，試著把自己找回來。

06

入睡

馬塞爾．普魯斯特（Marcel Proust，法國作家）

長期以來，我都很早睡。有的時候，蠟燭才剛剛熄滅，我的眼睛馬上就閉上了，還來不及跟自己說一聲：「我要睡了！」半個小時後，一想到現在應該有睡意了吧？我就醒了。

入睡是一個敏感的時刻：睡意來臨時，我們會覺得很美妙；如果一直睡不著，那可就痛苦了。

睡意不會服從我們的意志，這是一種所謂的「浮現的現象」，也就是說，只有在某些條件配合的情況下，它才會出現。我們不能強迫頭腦入睡，我們只能安排頭腦在某種情境下，睡意遲早會出現。

入睡的條件包括：度過相當活躍的一天，但是入夜之後不要有太多的刺激。即使正操心著什麼事，你也得放下第二天會疲倦的恐懼，放下所有在未來等著你的擔心和憂慮，無論這未來已經離你很近，或者還很遠。這可不容易。

有許多研究指出，經常練習正念冥想，對睡眠有幫助。冥想有助於入睡，尤其是在黑暗中躺著冥想。練習冥想的人都怕會睡著（因為睡覺並不是在冥想），可是在這種時候睡意來臨反而變成一種幸運。

練習 •••: Exercise

先好好確認適合睡眠的所有條件都齊全了：你沒有吃太飽，沒有喝太多咖啡或者太多酒，沒有在睡覺前一刻還看著螢幕，你睡覺的房間不至於太熱……

一旦這些條件都確認過了，就可以靜靜地努力打開你的心靈，讓思緒之外的一切進來：不必試著驅趕你的思緒或者憂慮，只要不去追隨它們就好，不要去助長它們……

然後謹慎地將你的心思轉向呼吸，意識到你正在呼吸，感覺你的呼吸的存在，呼吸，呼吸，平靜地……

也把意識轉向你的身體，花時間去感覺，一個接著一個，感覺你全身的每個部位，如果你察覺有哪裡緊繃，就盡量讓那個部位放鬆……

夜晚的時候，我們會擔心，因為我們是不活躍的、靜止不動的，在黑暗中，除了思考，沒有別的事可以做。覆誦一些簡單、令人安心卻恰當真實的句子：「好了，沒事，不要去想明天的煩惱，不要把心思放在那上面，讓心思留在你的身體裡，呼吸，好好的呼吸……」把心思引到你的呼吸上……

你要記住一項簡單的原則：如果我們睡不著，寧可醒著但內心平靜，也不要醒著而且心情緊張；睡意的列車遲早會通過，如果你緊張，就會上不了車，只有當你心平氣和時，它才會讓你上車。

回來吧，一次又一次，回到你的呼吸和你的身體，放任那些思緒以及令你在意的畫面流逝，呼吸，呼吸……

建議‧‧‧‧ Suggestion

無論這是你第一次入睡，或者在夜間睡睡醒醒好幾次，先從接受每一個失眠的時刻開始。接受，不要懊惱，也不要擔心。趁著你本來不願意的清醒時刻，把注意力集中在呼吸上，學著讓你的思緒消失。

07

注視大自然

亨利・大衛・梭羅（Henry David Thoreau，美國作家）

沒有一個人從來不曾想像過，與周圍的大自然對話，對於自己的健康或者痛苦會產生多大的影響。

這句話是老生常談了。從亞里斯多德（Aristotle）提出sequi naturam[1]的主張以來，我們都知道人與大自然的連結是多麼的必要。

如果只是單純將大自然當成休閒或娛樂時的背景，那就太可惜了。大自然絕對值得更好的對待，值得我們去歌頌與深入關注，值得我們花長時間去冥想，去意識到它的美好與它的多樣性，對它表達感謝，體認到我們身為自然界的一份子是多大的幸運，並且品味它的優點。一整年從頭到尾，我們可以有無數的機會面對大自然並置身於其中冥想。

練習 ●●●： Exercise

我們可以單純地躺在陽光下，注視著被通稱為「草地」或「昆蟲」的景象所呈現的多樣性。我們會發現這是個神奇的、豐富的、安靜的、未曾注意到的小世界。什麼都不要想：躺下來，觀察，讓我們沉浸在這個低調的小宇宙以及它豐富

1 譯註：拉丁文，意思是跟隨大自然。

的活動裡……

我們可以花很久的時間傾聽夜晚的聲音：鳥叫聲或孩子的聲音，遠方的嘈雜交談聲，偶爾出現的平靜安寧的時刻……

我們當然可以注視著夜晚與群星。我們要知道，令人讚嘆的美麗夜空能夠出現在我們眼前，是因為陽光已經隱退，這是一個值得我們花一輩子的時間來思考的美好訊息：若不是陽光消失，我們永遠看不到星星。因此，有時候在我們的生命中看起來像是面臨了撤退、失敗、消失，說不定其實是預告我們即將迎來比之前所失去的更大的喜悅。

我們還可以——這也是我最偏愛的練習——看著日出，看著詩人荷馬（Homer）所歌頌的「纖指如玫瑰的黎明女神」來冥想。現代生活往往讓我們看不到黎明，若不是起得太晚，就是起得太早，不過是為了去工作，而不是為了欣賞日出。

星期天和休假期間是可以重新發現日出的好機會。我們可以早起，反正一定有時間補眠。所以，在夜晚終結的寧靜時刻，我們可以注視著天空逐漸變亮，黑暗的天空中，泛白的微光隨著太陽升起，光來臨了，最早的幾道光透出來，讓世界漸漸地熱起來。

建議 •••• Suggestion

有越來越多的科學研究證實，經常接觸大自然是健康的泉源，在森林中行走可以改善我們的免疫系統，看著綠色的空間可以讓體力更快恢復。

注視大自然對我們有好處。是注視，不是在路過時順便看一眼就算了。我們停下來，呼吸，讓大自然進到我們體內，進入我們的全身，我們的身體就這樣被療癒了。

經常注視大自然，會讓我們單純地感覺到自己活著，加強我們對生態的意識以及對這個世界的崇拜與敬意，無論之前我們發生過什麼事，無論從這一刻起會發生什麼事，這一刻，置身於大自然之中都是一種恩典，一個奇蹟。

08

身體

莫里哀（Molière，法國劇作家）

菲拉米特：這個身體，這個廢物，真的這麼重要嗎？真的像我們想的這麼有價值嗎？難道我們不該將這個身體拋得遠遠的？

克薩爾：是的，我的身體就是我自己，我想好好照顧它。就算是廢物，卻是我所珍惜的廢物。

冥想的時候，身體是首要的，是核心。我們經常把冥想的練習想像成知性的鍛鍊。在西方，冥想通常指的是「以深入的方式思考某個主題」，例如哲學家思考生、死、或者人世間的種種虛幻。可是本書所提到的正念冥想，我們是用整個人去冥想，所以會用到整個身體。

為什麼？因為這能讓我們變得更聰明，把我們的身體當成重要資訊的來源（例如「直覺」這種隱藏的智慧），也是因為這能讓我們發現自己熱情澎湃的部分。

通常，我們都沒有把身體放在好的用途上，我們把身體當成工具，它必須服從我們的意志。當身體讓我們受苦或者帶給我們快感時，我們都不會去注意它，我們越忽略身體，就越重視想法更勝過感受。

在冥想的時候，我們要學習以更尊敬、更聰明的方式來運用自己的身體。就先從經常傾聽身體開始。

練習 •••• Exercise

就跟平常一樣，我們先從呼吸開始。

平靜地意識到所有跟呼吸有關的感受：空氣進入鼻腔、進入喉嚨的動作，進入胸部和腹部的動作。意識到我們的全身在呼吸，平靜的……

然後把注意力轉向自己身體的感覺……首先是很明顯的感受：這種時候，我們的身體有哪些部位表達出明顯的感受？就在這一刻，注意我們的身體經歷了哪些感受？

無論這些感受是舒服的或者不舒服的，我們要努力去完全接納它們，去感覺、去觀察：這些感受位於身體的什麼部位？從這一刻到下一刻，有什麼變化？

現在，把我們感覺的範圍擴大到整個身體，花時間從腳到頭感覺一次：注意我們的腳、我們的腿、我們的腰，腹部、背部、胸部、手臂、臉……花時間把注意力打開，注意到整個身體，身體的全部……

無論我們感受到什麼，盡最大的努力，接受它們……

建議……Suggestion

在我們的冥想課程中，我們有時候會花三十到四十分鐘，好好地探索身體感受的豐富與複雜，不過我們也可以，就像我們剛才所做的，以比較簡短的方式稍微探訪我們的身體。重點在於經常這麼做，懷著好奇心與善意。即使我們的身體疲倦、痛苦、生病，還是要給它關注與感情，這是身體應得的，身體把一切都給了我們。

每天好幾次，花時間去感覺我們的身體正處於什麼狀態，在身體的小徑內漫遊，就像我們在喜歡的森林小徑上散步。祈求身體平安，讓我們的心智更清楚。

09

抗拒誘惑與衝動

奧斯卡・王爾德（Oscar Wilde，英國作家）

想要從壓力中解脫，唯一的方法就是向壓力屈服。如果你抗拒，你的靈魂因為被禁止而苦惱，反而會使你生病。

難得一次，我不贊同前一頁引述的話，希望大家也來思考一下。況且可憐的王爾德非常不擅長抗拒誘惑，在英國拘謹的維多利亞時代，付出慘痛的代價：坐牢、被放逐、破產。

回到我們的時代，我們承受著許多來白外界的誘惑，這些誘惑會轉變成內心的衝動。這一切由我們的消費社會精心策畫，不停地驅使我們對於一切販售的商品都想要「多」一些：吃更多、喝更多，花更多時間看著螢幕，花更多時間買我們不需要的東西，只因為這些東西擺在櫥窗裡，正在特價。

不過也有一些衝動來自我們本身，例如把盤子裡的食物吃光的衝動，儘管我們已經不餓了，看到還有剩，就會想吃。我們會說：「把食物倒進垃圾桶裡多可惜！」於是我們把它倒進身體裡。

如何抗拒這些具有煽動性的污染？冥想提供了一個非常好的鍛鍊空間，可以調節衝動和誘惑。要怎麼做？請看以下的練習說明。

就像平常一樣，坐著，閉上眼睛，呼吸，感覺，傾聽……

然後，就像釣魚一樣，等魚上鉤，等最初的衝動出現。通常這些衝動會讓我們停止練習去做冥想之外的事。那些事似乎更有趣，或者更緊急、更重要，例如吃東西、收拾、睡覺、工作、講電話、看書、上網……

那麼，我們要抗拒，我們決定要繼續冥想，我們跟自己說：「好，好，我很清楚誘惑出現了。這個誘惑說：『比起坐在這裡閉上眼睛，現在有更緊急的事情要做。』可是不行，現在我正在鍛練自己對抗衝動的能力，所以我不動，任憑這個誘惑在我的心裡兜圈子，一直想要扯我的袖子，但我的意識依然專注在我的呼吸，我的身體，以及傾聽聲音……」

反正我不會馬上順從這個誘惑，這個叫我停止冥想的衝動。我先觀察它，我這麼描述它：「這不是必要的，這只是一個誘惑，想叫我停止冥想去傳簡訊，宣稱我是在浪費時間，像這樣閉上眼睛只會讓我自己煩躁，冥想或許不適合我……諸如此類。」

我如此描述這個誘惑，我觀察它在我體內如何施展力量。它或許已經影響到我呼吸的方式，所以我比較沒有那麼專注在自己的呼吸；它或許已經開始命令我的身體移動，我的肌肉已經開始繃緊，準備採取行動，準備要站起來；它或許已經開始讓我的注意力轉向必須完成的行動，而不是冥想。

很好，很好，這一切我都注意到了，可是我啊，我還在這裡，我不順從刺激和誘惑。我還在這裡，繼續冥想、感受……至於行動，等之後再說。這一刻，是不行動的時候，是抗拒衝動的時候。這樣就很好了，看著我生活的世界……

建議‧‧‧ Suggestion

對，看著我們生活的世界，抗拒是很重要的。這裡指的並不是活得像苦行僧：我們當然可以偶爾向誘惑投降，可是這不代表對所有的誘惑讓步，否則，我們就會被貪得無厭的悲哀占領，悲哀地證實我們的軟弱，悲哀地發現我們對自己的身體和心靈缺乏控制力。

抗拒，就是給自己自由。自由選擇我們的行動和我們的娛樂，選擇去品味它們，而不是任憑它們將我們吞沒。我們都希望像這樣活著，不是嗎？

10

善意

聖經，箴言

眼有光，使心喜樂。

冥想可以幫助我們更能體會與關注世界以及自己的生活。冥想也可以讓我們培養出某些基本的優點，例如希望別人過得好的善意。行善的意圖有時候或許顯得有些天真，不過這種意圖本來就是慷慨的，受到啟發的。

因此，花時間想像一下，世界上的每個人都心存善意，這個世界上所有的車都會停下來等行人過馬路，或者每個人看到你手上拿著東西，就會替你拉住門，讓你容易進出，或者每個人都面帶微笑。

作夢嗎？不一定！這樣的世界，某些部分是存在的。跟我們心情不好或者電視新聞看太多時所相信的不同，世界上其實已經有許多的善意，而且只能依賴我們將善意散播出去，因為我們每個人都可以盡一份力量，為世界帶來更多的善意和體貼。為了幫助這個世界，我們可以經常培養自己行善的能力。

練習••••• Exercise

花時間讓自己的心在這一刻定下來……意識到你的呼吸，你的身體，你周圍的聲音……你的想法改變了，就放任它們改變，但是不要去助長它們。

想著你喜愛的人，全心全意祈求他們過得幸福……

花時間看著他們的臉孔出現在你面前，花時間讓這些臉孔一再回到你的眼前，發自本能地，按照你希望的次序，或者不按任何次序……

感覺善意出現在你的身體內，感覺善意在你的心裡；從生理上感覺到你對這些人的感情、喜愛與善意……

在這種善意的感覺中呼吸；每一次吸氣，就想像你吸進了親人給你的所有善意，吸進了他們給你的全部的愛；每一次吐氣，就想像你對親人吐出你對他們的感情……

你也可以把這種善意擴大到你認識的人，同樣祈求他們過得幸福。這些人包括朋友、同事、鄰居、熟人。

如果你願意，你甚至可以小聲地重複這句話：「只要有可能，我全心全意希望每個人幸福；只要有可能，我全心全意希望每個人幸福……」配合你呼吸的節奏，重複這句話。

建議 ••• Suggestion

這個練習一點也不幼稚。我們不必把自己變成愛心熊[1]，只要提醒自己，寧可希望別人幸福，也不要一直陷入不好的念頭而無法自拔。這可以讓我們做好準備，一有機會就及時行善，並且將善意化為善行。

若沒有善意與體貼，人無法在世界上活下去。即使有時候我們有一種印象，在某些時刻，某些地方，世界宛如一座暴力叢林，別忘了在同樣的地方也會出現互助友愛的善意舉動，幫助人們站起來，準備迎接和平的明天，而這樣的明天，遲早會來臨的……

善意已經大量出現在我們的四周，每一天，我們都應該讓更多的善意活躍在這個世界上。

1 譯註：是美國的著名卡通，英文稱為Care Bears，牠們工作就是維護世界的良善，給予他人幫助。

11

深思而後行

歌德（Goethe，德國詩人）

行動必須經歷思想的考驗，
思想必須經歷行動的考驗。

身體不動而且與世隔絕？是的，冥想練習看起來的確是如此。不過只有一段時間，只是兩次行動之間的一次呼吸，我們最後一定會回到行動上。冥想熱愛行動，否則它就只能原地兜圈子。我們在行動之前冥想，在行動之後冥想，甚至在行動之際冥想，無論我們是不是在正念的狀態下完成行動。因此，練習冥想並不會使我們的生活脫離現實，遠離人群，反而可以幫助我們更貼近生活，在人世間過得更好。例如，可以透過冥想來檢視我們採取行動的方式。

我們這個時代非常推崇快速、反應與即時性。我們漸漸學不到在行動之前先做準備的藝術，學不到在生命中的重要事件發生之前先做準備的藝術。重要，是因為它們就像一場賭注，所以在面對一次就業面試、一場考試、一段愛情或者一場衝突之前要先做好準備。重要，也可能是因為這種事太常發生了，所以在開始工作之前，在回到家人身邊之前，甚至在吃東西之前，都要先做準備。

從前，基督徒或者有其他信仰的人，會在用餐前念一段祈禱文——餐前的祈福經。這段經文提醒我們所有的食物都有它的神聖性，我們很幸運能夠擁有這些食物，並且與家人或朋友圍坐一桌共享。

我還記得有一個病人，他學習冥想之後，在早上開車出發之前，會先在車內思考，做好準備以迎接一天的工作；到了晚上，在下車走進家門之前，他也會先留在車內冥想幾分鐘，做好準備放下一天的工作，面對他的家人。

養成在行動之前先思考的習慣，這要怎麼做？

練習 ••• Exercise

坐下來，閉上眼睛，把心思放在呼吸上，不必試著改變呼吸的節奏……花一點時間沉澱你的思緒，讓你的思緒趨於平靜，停留在你的心靈底部……然後讓呼吸的意識進駐你的心靈……想著很日常的一天，無論是在工作，或者度假……想著你所進行的一切活動，辛勞的或者休閒的，然後問自己這個問題：「你打算如何面對這些活動？要在哪種心態下從事這些活動？是正念，還是心不在焉？是機械性的動作，還是專注的體會？」

你的心裡在想什麼？比方說，在展開一天的工作之前，在跟一個親人或者朋友通電話之前，在吃一頓飯之前？你能不能夠，至少是偶爾，花一段時間把自己的心思收回來，注意力集中在你的呼吸，你的身體，你的心理和情緒狀態上？這只是為了知道你目前的處境，你將在什麼樣的情況下展開這項活動……

你能不能花時間問問自己：「為什麼我在這裡，做著這件事？為了其他人也為了我自己，我該怎麼做，以什麼樣的心態，才能把這件事做到最好？如果更用心去體會，是不是能夠把我正要做的事看得更清楚？使我更符合我的期待，能夠根據我的價值去行動？」

建議 •••· Suggestion

就是這樣，很簡單。三不五時，與其從一項活動直接跳到另一項活動，完全不讓頭腦有喘息的時間，不先醞釀動機就開始行動，還不如花一些時間，在投入行動之前先集中注意力，問問自己為什麼在這裡，為什麼要做這件事。

花時間去呼吸和感受。花時間去記得，沒有要贏得什麼，只要好好的去做，以全心去體會，在正念的狀態下。也要花時間提醒自己，有什麼事是我們願意花一輩子的時間去做的。

12

正念行走

釋一行（Thich Nhat Hanh），越南禪宗大師

奇蹟，就是行走在大地上。

所有關於冥想的畫面，以及影片，呈現的都是同一回事：一個人端坐不動，一臉專注，眼睛閉著，有時候看起有一點呆滯。然而我們並不是非得固定不動才能冥想（也沒有一定要露出呆滯的表情）。在許多傳統上，也建議可以一邊走一邊冥想。

這裡指的是慢慢走，有時候非常慢，留意每一個腳步，留意構成每一步的每一個動作。

剛開始的時候可能會覺得這樣做很奇怪，等這種感覺過去了，我們就可以逐漸了解這項練習的好處。

從外人的角度看起來更奇怪，我建議你剛開始時先獨自練習，避開他人的目光，地點就選一個安靜的房間，或者一個沒有人會觀察你的地方。

練習 •••• Exercise

站著，雙腳稍微分開，準備要走路……可是沒有走，還沒有……雙腳仍然踩在地上，擺動身體，首先，左右搖擺，然後前後搖擺，這是為了更能夠好好的觀察你的身體的平衡……

現在下定決心邁出第一步。讓身體來帶領，身體很習慣走路，不過你要仔細觀察會發生什麼事……開始吧，慢慢的……走……

你已經注意到，你的一條腿還沒開始移動時，身體如何先往前傾，以便靠另一條腿來支撐？

現在，看看你的腳如何從腳跟開始離地，慢慢往前進……感受另一隻腳，支撐身體的腳，如何輕輕的收起來以保持平衡，你的身體如何靠雙腳來支撐？

現在來看你的腳如何踩在地上，慢慢的，依然是從腳跟開始……你的腿，另一隻腳，還有你的整個身體，如何跟上來……好好觀察你移動腳步的整個過程，看著你的身體平衡如何只依靠一條腿來支撐，另一條腿則穩穩地邁出第二步。

來吧，重新開始走路，走得很慢很慢，觀察自己的行走……

花足夠的時間去探究走路的種種感受，重新發現身體的調整與平衡的豐富、複雜性。身體的調整與平衡會不斷修正，幫助你往前走的時候不至於跌倒……

建議•••• Suggestion

偶爾花一些時間，在正念的狀態下走幾步路。如果可以的話，從早上開始，在自己的花園裡，在沙灘上，在你所在之處，在正念的狀態下走路。

你也可以走得稍微慢一點，在生活中允許的情況下，而且除了走路不要做任何其他的事情（例如講電話或者反覆想著同一件事）。

正念行走是制止腦海中念頭空轉的一個非常好的方法。正念行走也是讓我們對自己感到讚嘆的一個好方法（對自己感到讚嘆很棒喔！），我們會發現身體的協調是多麼的巧妙。最後，正念行走也是一個非常好的方法，可以讓我們了解，當我們對生命張開眼睛，我們會發現生命比我們所想的更美麗、更豐富。

13

內在的力量：山的冥想

李白，中國詩人

眾鳥高飛盡，孤雲獨去閒。
相看兩不厭，只有敬亭山。

山的冥想是正念的一個經典。這項練習可以讓自己平靜下來，喚醒內在所有的力量，跨越身為人類難免必須經歷的過渡期擾動與混亂。

不需要到山上度假，或者住在山區，也可以練習山的冥想，即使——這是必然的——面對一座真正的山，效果更好。然而，在任何其他的地方，只要你坐下來，穩穩的，背挺直，肩膀打開，坐在你所在之處，從這一刻起，就可以開始練習了。

練習 ⋯ Exercise

現在，花一點時間找出一個端正舒適的姿勢……閉上眼睛，把心思放在你的呼吸上……

要意識到呼吸的存在，穩定、忠實、規律的呼吸。感受空氣進入你的鼻腔與喉嚨的動作……感受你的胸部和你的腹部正在起伏……注意你的身體如何參與你的呼吸。

現在，想著一座山，一座美麗的山，一座你熟悉而且喜愛的山，或者一座令你嚮往的山，你想像中的山……

讓這座山的影像進入你的心靈，背後襯著大片藍天的山……然後讓細節浮現：山頂有積雪，還是沒有？看著杉樹、落葉松、草坡、岩石……這些元素可能隨著你的心情而變化，如果是這樣，就讓它們變化，完全不用介意。

過了一段時間，把自己當成那座山，讓那座山的存在滲透進入你的身體，感覺山就在你的體內，你和山合為一體。察覺到你自己的身體就像是這座山的回響，就像一座穩穩屹立於大地上的山，感覺到，在這一刻，你跟這座山有多麼相似：穩重，專注，安定……

經常有風，有暴雨，橫掃過山；山上會下雪，會下雨，還會發生雪崩……可是山依然屹立，總是那麼的穩定，無論發生什麼狀況；對你來說也一樣，風暴可能吹襲你的心靈……有些想法，有些情緒，有些痛苦的憂慮，可能橫掃過你的意識……可是你也一樣，你可以不動如山，穩定，專注，繼續呼吸，無論發生了什麼事……雲會飄過，藍天會回到山頂上，就像你的心靈也會恢復平靜……

讓你的意識安定在你的呼吸，你的身體上……無論發生什麼事，你就在那裡，專注、穩重、安定、牢固……就像一座山……

建議‧‧‧‧‧ Suggestion

有時候，我們會害怕一些簡單的東西，「在冥想的時候，把自己當成一座山」多麼奇怪的念頭？不要吧！可是我們錯了，「簡單的東西往往是最有力的」。

我們手上有許多研究是關於心像（Mental Imagery）練習的好處，例如剛才所做的練習，很快就能見效。這些研究顯示，這樣的練習會給內心帶來平靜與穩定。

我們也可以偏好對著一座湖，或者海洋，或者喜愛的鄉間角落的影像來冥想。只要給我們時間讓影像呈現出來，並且意識到這些地點可以喚醒我們的哪些力量，鼓勵我們培養出哪些美德。凝視著山、湖泊、海洋，可以教我們學會很多東西，只要我們努力想要跟它們有一點點相像。

14 當下此刻

帕斯卡（Pascal，法國哲學家與數學家）

我們從不把握現在。我們期待未來，彷彿它來得太慢，彷彿要催促它早點到來；或者我們回想過去，彷彿要阻止它離去得太匆促；我們如此漫不經心地遊蕩在不屬於我們的時光，一點都沒有想到唯一屬於我們的時刻；我們徒然地想著早已消逝無蹤的，卻輕率地逃避唯一留下來的。

冥想會刻意強調當下的此刻。

並不是因為當下的此刻比過去的時刻或未來的時刻更優越，而是因為它經常被忽略、遺忘、不當對待。然而只有這一刻是真實的。是的，只有現在的時間是真實，其他的都是虛幻：未來尚未存在，過去已不存在。

而且跟我們所認知的相反，我們在現實中擁有的資源往往比在虛幻中更多，在當下所擁有的，比過去或未來都要來得多。然而，當下的一切都被我們的計畫吞噬了，因為我們的悔恨而變得苦澀，因此我們經常會忘記要活在當下。

冥想，並不是放棄思考未來或者想念過往，而是決定要更經常地活在當下。

如果你對這個有興趣，接下來告訴你怎麼做……

練習 •••• Exercise

我們的心靈能夠在時光中遊蕩，身體卻不行。身體，總是處於當下這一刻……

因此，為了安定在當下，我們只要將自己安定在身體裡，安定在自己的呼吸裡……安定在吸入的每一口氣，吐出的每一口氣……

我們安定在每一個片刻的聲音裡……安定在每一個片刻的身體感覺裡……

我們把活著的每一秒，都當成是獨一無二的。況且它的確是啊！過去你從未活過這一刻，將來你再也無法重新活這一刻。你無法阻止這一刻流逝，消失無蹤，可是你可以決定全心全意地活在這一刻。

決定全心全意地活在跟親人共享的一餐，儘管有些煩惱會將你的心思拉到別的地方……

決定全心全意地活在，當下，這夏日午後的一刻，這春日早晨的一刻，這冬夜的一刻……

全心全意地活在假期當中，即使之後假期就要結束……全心全意地活你這一生，儘管死亡終將來臨……

全心全意地活你這一生中的每個時刻，就從現在這一刻開始……

建議…… Suggestion

所謂心靈的生命，所謂自由，就是發揮所有的能力。我們的心靈不但有擬訂計畫或者想念過去的神奇特質，也有能力去經歷並且充分品味當下，經歷品味生命帶給我們的每一個獨特的時刻。

能夠理解這一切，簡直是神奇到令人不敢置信。若能付諸行動，同樣是神奇到令人不敢置信。因為，現在這一刻往往帶領我們回歸本質，告訴我們：「你的一生都發生在此地，此刻……」歌德也以他最詩意的方式這麼寫著：「於是心靈既不往前看，也不回頭看。唯有當下才是幸福的所在。」

唯有當下才是生命的本質。

15

正念進食

榮安德姆・布伊亞薩瓦蘭（Jean Anthelme Brillat-Savarin，法國美食家）

動物填肚子；人類進食。擁有心靈的人類才懂得吃。

冥想，並不是與世隔絕，而是更有意識地，也就是更有智慧地，與自我連結。因此有許多冥想練習會搭配一些日常的簡單動作，我們做這些動作時，心思很容易跑到其他的事情上。

若是養成經常在正念狀態下進食的習慣，我們在自身與飲食的關係中將會有新的發現。尤其是我們進食往往不是因為真的餓了，而是因為時間到了，因為食物聞起來很香，因為我們閒著沒事幹，因為可以趁機與其他人同桌共餐。

我們也可以更輕易地理解為什麼有時候我們會以很誇張的方式吃東西：比方說如果我們太注意盤子裡的食物（因為非常可口，我們告訴自己要全部吃光光），卻不夠注意我們身體的感受（身體經常提醒我們它已經吃飽了，可是我們卻不去理會它）。

總之，正念進食一方面可以幫助我們更享受（更能夠品味食物的美好），也讓我們吃得更明智（只吃我們需要的分量）。以下說明這種能力如何鍛鍊……

練習••••Exercise

做這項練習，一點點食物是必須的。

我們團隊在練習時用的是一顆葡萄乾。如果你手邊沒有葡萄乾，也可以用一口水果或者蔬菜來取代。

把你等一下要吃的食物捏在手指間，好好觀察它的各種細節，包括形狀、色澤、質感……

聞一聞它……它有氣味嗎？

把它放在嘴唇上，看看有沒有散發出最初的滋味……然後張開嘴巴，把它放在你的舌頭上，再閉上嘴巴。不要咀嚼，不要馬上開始咀嚼……

用舌頭頂著，讓食物在口腔裡遊走。新的滋味是不是開始出現了？

時候到了，你決定咬下去，只咬一口，咬在食物上。咬吧……感受一下，現在發生什麼事？

花時間探索剛才抵達上顎的食物滋味……等味道的強度減弱了，才咬下一口。

花時間慢慢咀嚼，體會因為你的牙齒動作而散發出的滋味……

然後，在完全有意識的情況下，決定把食物吞下去……觀察你的舌頭和嘴巴怎麼動，才能讓食物下降到你的體內。

花一點時間觀察你口腔中的食物幽靈，也就是食物的餘味。直到一點都不殘留，或者幾乎沒有留下任何痕跡……

在下次進食之前，在你繼續吃東西之前，聽聽身體的聲音：身體告訴你什麼？停止，或者還要吃？

建議 •••• Suggestion

這項練習，有點怪異，卻是正念冥想的經典。當然，我們不能每一餐都這樣吃，但是我們可以偶爾，察覺到我們吞嚥食物的時候其實心不在焉。

因此，我們可以決定經常在正念的狀態下品嘗某一種食物，某一道菜，甚至某一餐：一口接著一口，獨自一人，不分心，不交談，安靜地進食。只是為了重新感受食物的味道，以及在持續用餐之際，身體是處於飢餓或飽足的狀態。

這麼做，將使我們重新發現進食的快感，在正念的狀態下，恢復聰明地、心平氣和地吃東西的習慣，而不是想都不想就吞下去。

16 痛苦的情緒

保羅・佛特（Paul Fort，法國詩人）

所以我的痛苦何在？
我已經沒有痛苦了。
那只不過是太陽邊緣的一陣
呢喃。

我們的情緒不出聲，但是會表現出來，透過身體的感受、行為，以及自發性的、激烈的、簡化的想法表現出來。同樣的，想讓情緒平復下來，通常光靠文字是不夠的，必須透過身體。

當我們對於某些陰暗的、太情緒化的想法深信不疑，陷溺其中，幾乎無力抗拒或者排除時，想要跟這樣的想法保持距離，其實是精神生活中最困難的挑戰之一。如今我們認為，要保持這段必要的距離，比較容易的做法是接納並且觀察我們的情緒狀態，而不是熱切地想要排除，甚至屈服於那些負面的想法。

我們的情緒，即使令人不愉快，也不該被視為心靈上的雜草。這些情緒是我們的精神生態的一部分，我們希望能夠先從接受它們開始，不過這就表示我們已經意識到它們了。這種情緒自然而然地加諸在我們身上，我們應該要對付的是它們的影響力，而不是它們的存在。

此外，心理學上所謂的「整理情緒」，它的目標並不是心靈放空、禪或平靜。總之，不是立刻，或者直接達成這個目標。我們的目標，是察覺到，是看透，是內心清楚。

練習 •••• Exercise

最近有什麼事情在折磨你嗎？令你惱怒、擔憂，造成你的痛苦？很好，至少對於今天要做的練習來說，痛苦來得正好……把注意力放在呼吸上，只要確認你的姿勢端正，肩膀已經打開，讓你能夠自然而然地呼吸，不會受到阻礙……

不要排斥與痛苦情緒相關的一切，回想引起痛苦的事件，察覺到它帶給你的各種影響，你的想法、你的煩惱；觀察你身體的狀況，對於這種痛苦的情緒；身體如何反應？在正念中有兩種基本態度可以拉近並跨越痛苦的情緒……

第一種態度是創造一個內在的空間，以便容納情緒的整體意識；所謂整體意識，也就是想法與心像的意識，以及呼吸、身體與衝動的意識……

第二種態度是接納整體的情緒經驗，剛開始就是先全盤接受它，放任它的存在。為了超越痛苦與不舒服，首先就要承認它的存在。如果我們始終不接受曾經到過某個地方，就無法離開這個地方；同樣地，如果我們始終不承認並且接納某種痛苦，就無法從這種痛苦中解脫……

與你的痛苦情緒同在……觀察它在身體和心靈中如何延伸，為它命名，審視它，在充分地探索、理解、馴服它之前，不要想著修正它或者驅趕它……

最常見的狀況是，在你意識中的這個開放平靜的空間裡，這種情緒令人痛苦的特性和隨之而來的影響會逐漸開始淡化……於是我們或許可以分辨得更清楚現在可以去做些什麼……

建議 •••• Suggestion

當我面臨麻煩、惱怒、憂慮時，千萬不要為了解脫，為了減輕痛苦，就把心思轉到別的事情上；相反的，如果我有時間，就好好觀察自己目前的狀況。占據我心中的情緒是什麼？這個情緒如何表現出來？它會把我推向何處？

這看起來很簡單，不過當然並非如此。就跟想法一樣，情緒會強加在我們身上，也就是說它們的出現並非主觀現象，而是如同必然，如同沒得商量的事實。所以不要試著去修正或者抹滅感受到的情緒，不要試著安慰自己或者讓自己平靜下來。不是現在，不是這麼直接，只要讓自己去體會就好。

所以好好地呼吸，別的什麼都不需要，只要努力地呼吸，同時觀察自己目前的狀況，即使面臨痛苦，也要努力地花時間讓自己體會到平靜專注。

17

在場與不在場

克里斯汀．波旁（Christian Bobin，法國詩人）

在這個時刻，我很滿足於聽到我不在場時別人所發出的聲音。

冥想鼓勵我們用全心去體會當下經歷的生活，不過這種體會有時候會透過間隔一步的距離，可以讓我們在重新投入生活之前，更能夠好好地觀察與了解我們正在經歷的一切。例如說，跟家人或朋友一起用餐，參與其中，交談、歡笑、吃吃喝喝，跟大家在一起，無憂無慮的感覺非常愉快。可是稍微拉開一點距離，品味這樣的情境，沒有加入行動，只是在一旁看著，置身於熱烈的情境中，但是不回應，這樣的感覺也很美好……作為一個有交際能力的邊緣人是很愉快的，他樂於置身於人群中，可是他也需要在腦中保留一點距離，這樣更能夠在重新加入人群之前，好好地欣賞他正在經歷的體驗。你也知道，這就像畫家有時候會暫停動作，後退一步，花一些時間檢視自己的作品，然後走回去重新提筆作畫。

我們有時候也會有此需求，想要在自己與生活之間留一點空間，多一點餘裕，並不是想要躲避什麼，而是為了更能夠品味生活。

練習 •••·· Exercise

你有一群親友，你喜歡他們，他們也喜歡你。閉上眼睛想像下次你跟他們聚餐的情景，你的行為表現就跟平常一樣。先從這裡開始想像……

跟平常一樣，置身於現場會讓你很開心，你樂在其中，與人交談、吃喝、歡笑……可是這一次，你是有自覺地品味著當下：喜愛的人圍繞在身邊，我多麼幸運，我們盡情吃喝，彼此交談，互相傾聽，敘述著什麼，被別人的話逗笑……在這一刻，我不需要別的東西，我擁有身為人類所夢想的一切……

然後在腦海中退後一步……先從閉上嘴巴開始，保持微笑（不要閉上眼睛，不然會引起別人注意）……靜靜地呼吸，靜靜地……

不要在意別的任何事情，只要呼吸現場的喜悅，感受到你吸進了幸福，吐出了幸福……去感受你的身體如何受益，身體也是受益者，在這一刻……去感受身體多麼放鬆，多麼喜悅，慢慢品味你要吃的、喝的東西……

聽其他人談話的聲音；不是話裡的意義，而是聲音；不是對話的內容，而是愉快的聲調，就像是一場充滿人味和友愛氣氛的音樂會……聽著事物的歌聲，餐具的輕微碰撞，杯子的互觸，彷彿這些簡單的小動作合奏出一首交響曲或者不諧和音樂……

如果可以的話，用餐結束後，藉口說你有一點累，或者你想要小睡一下，在離人群稍微有點距離的地方，找個躺椅或沙發躺下來，閉上眼睛，聽人群愉快的嘈雜聲，距離你只有幾步之遙……讓這一刻進入你全身的每個細胞，滲入你記憶中的所有迴路，讓它永遠留在你的體內……永遠……

建議 ……Suggestion

在親友的圍繞下，值得品味的歡樂時刻有很多很多，我們可以全心全意地投入，參與活動、對話、遊戲，分擔工作，交換心情。我們也可以在品味的時候稍微離遠一點，保持一點距離，從旁邊注視著。

這是通往活著的幸福的兩條不同路徑，你會明白，沒有什麼比培養這種幸福更嚴肅的事了。

18

溫柔待人

阿蒂爾・蘭波（Arthur Rimbaud，法國詩人）

我不會說出口，我什麼都不想；但
我的靈魂洋溢著無限的愛。

人是互相連結與愛的生物。

沒有強烈的連結，我們就無法在自然界存活下來。從生物學的角度來說，作為活下來的物種，人類的條件實在太差，因此孟德斯鳩（Montesquieu）才會說：「人是社交的動物。」因為別無所選。

可是沒有愛，人類也活不下去。寶寶出生的時候根本還沒成長好，跟幼蟲沒兩樣；我們的物種必須經歷「幼態持續」的階段才能繁衍。幼蟲般的嬰兒，如果受到關愛，就可以成長為具有自主能力的兒童。因此在我們的記憶中，愛始終是長期而且非常基本的需求，也是我們能夠付出以及接受的最美好的禮物。

這份愛可能以許多不同的面貌呈現，例如同情。芬乃倫（Fénelon）在《亡者的對話》（Dialogue des morts）這本書中說：「同情是一種愛，這種愛可以感受到我們所愛之人的痛苦。」我們感受到別人的痛苦，不只是為了讓自己難過，也是為了產生動力，藉由一個微笑、一番話、一個姿勢，盡可能地幫助別人。

還有一種面貌是慈愛，是溫柔。就跟同情一樣，溫柔也不是選擇性的，沒有限定的對象。我們願意溫柔對待的對象，幾乎遍及所有的人。我說「幾乎」是不想把情況弄得太複雜，讓聖人和賢者去操心如何愛兇手、暴徒與壞人，我們只要愛普通人就好，我們自己也是普通人，有時令人敬愛，有時令人厭惡。

冥想可以幫助我們達成這個目標，方法如下所述。

練習 •••• Exercise

找個人來人往的地方坐下來，例如廣場、街頭、海灘上……

把心思放在這一刻，放在你對這一刻的體驗上……注意發生在你身上以及你周遭的一切，靜靜地，不管任何其他的事，只要關心你此時此地的處境。

觀察這些人類兄弟姊妹，他們有各種年齡、各種外表、各種來歷，他們走過你的眼前。看看你是不是馬上就忍不住在心裡替他們打分數：有些人長得好看，感覺很友善，也有些人長得醜，看了就不舒服……

讓這些評價過去，讓它們自然消失……不要對抗它們，也不要助長它們，只要慢慢地把心思移到別的地方……比方說，我面前來來去去的這些人都在受苦，就像詩人克里斯汀．波旁寫的：「無論你看著的人是誰，你要知道他已經進出地獄好幾次了。」所有的人都曾經流淚，曾經遭遇過不幸、背叛、被拋棄。

在年長者之中，很多人生病，遭遇過親人離世……每個人都會死，說不定死期已近，一旦想通了這一點，每個人都會哭泣顫抖。就像你，就像我，就像我們所有的人……

即使是那些惹你生氣的人，愛吹噓的人，吵鬧的人，所有的人都只是脆弱的小東西，都難逃一死……所有的人都值得我們溫柔對待，寄予同情。

希望他們能夠免於痛苦，希望他們在有生之年盡可能地過得幸福，希望他們盡可能地讓身邊的更多人獲得幸福。

建議⋯⋯Suggestion

有時候我們會因為別人而感覺失望、惱怒、受到侵犯；但是我們也可以先從愛別人開始，不必幼稚，只要誠懇。

先從愛別人開始，然後看看會有什麼結果，然後我們可以繼續，或者停止，用善意的眼光看待別人，要怎麼做都是我們的自由。不過總是先從付出與愛開始，因為友愛是連結他人的最佳途徑。

19

這一刻，我活著

阿爾貝・卡謬（Albert Camus，法國作家）

如今我所希望的不再是幸福，而是有所察覺。

冥想會鼓勵我們完全察覺到我們所經歷的一切，邀請我們對於構成我們存在的一切睜開眼睛。

把眼睛睜大一點，可以看得更清楚。更看得清楚自己的人生和人類生命中的悲劇性（即使這種被痛苦磨得更銳利的眼光，我們早就有了），但是對於那些美好的、能夠讓我們感到幸福的一切，也可以看得更清楚（因為這個部分經常被我們忽略）。

哲學家告訴我們——他們說的對——人世間唯一可能的幸福，已將人類生活中的悲劇元素考量在內，人世間唯一可能的幸福不可能是盲目的，不可能看不見痛苦和不幸，而是一種神智清楚的幸福，知道不幸的確存在，但依然會努力地，不顧一切地活下去。若沒有幸福的力量，我們就無法面對不幸。這就是意志消沉的人所面臨的情況：他們失去了活力，失去了生活中的喜悅，即使活著從來就不是一件單純、容易的事。

為了活下去，不計代價的視若無睹，不願意直接面對不幸，這都是沒有用的；我們應該努力培養自己的幸福意識，加強自己還存在、還活著的喜悅。以下我將告訴你怎麼做……

練習 •••• Exercise

你察覺到在此時此刻，你的體驗包括了：呼吸……身體……聲音……想法……

你也察覺到你的一生中經歷過許多不幸、困難與痛苦。

如果悲傷、恐懼、憤怒……等情緒展現出來，容許它們待在那裡，但是讓意識繼續停留在你的呼吸和你的身體的現實中……

呼吸，呼吸，正念呼吸……

察覺到你是活著的，在這一刻，世界依循既定的道路，地球自己會轉動，太陽照耀著半個星球；蜜蜂嗡嗡叫，忙著自己的工作；鳥兒在唱歌，孩子們在玩耍；有些人愛你，你也愛他們……察覺到在這一刻，你是活著的……

無論昨天發生了什麼事，無論明天會發生什麼事，這一刻，你是活著的……

你活著，你可以採取行動，為了你自己，為了其他人，只要你的精力和你的資源容許……

建議‧‧‧‧Suggestion

建立我們的幸福，最首要而且最基本的元素，就是活著的感覺。不要等到自己都快死了，或者生了嚴重的病，才知道活著有多美好。

經常地，在日常生活中，在人生的旅途中，停下腳步。注意到自己的呼吸，自己的身體，自己正在流逝的生命。

提醒自己，在這一刻，無論發生什麼事，我們都還活著。總有一天，生命會離開我們，在那之前，沒有理由提早為此擔心，只要盡一切的力量，好好的活著。

20 Telos與Skopos

禪語

達成目標者已經失去其他的一切。

想像一名弓箭手瞄準箭靶，想要射中目標。依你之見，他最在意的是什麼？是不計一切代價射中目標，還是努力把射箭的動作做到最完美？自古以來的許多哲學家們，尤其是斯多葛學派（Stoicism），都建議弓箭手要先把動作做好，而不是光想著射中目標，也就是說，追求Telos更甚於Skopos。Skopos是希臘文，意思是達成目標，Telos則是動作完美。

Skopos：達成目標，但是我們行動的結果，並不完全操之在自己手中。如果突然颳起一陣風，或者傳來一陣聲響，把我們嚇一跳，箭就會射偏，就算有好好地瞄準也沒有用。相較之下，Telos：也就是我們付出努力的品質，取決於我們自己。不能指望別人，只能靠我們自己放慢呼吸，拉開弓弦，留意不要有任何部位的肌肉僵硬，將心靈的眼睛鎖定在遠方的箭靶上。

我們可以培養出這種心態嗎？

練習••••Exercise

坐下來，平靜地呼吸，傾聽接下來出現的聲音，任憑各種畫面、想法、回憶與感受從你的腦海中浮現。

在西方國家，我們採取行動是為了獲得結果。我們很少為了單純的樂趣而進行某項活動，或許運動算是例外（我們賽跑，並沒有要跑去哪裡），愛情也是（我們付出，並沒有堅持要得到回報）。

然而如果學會在採取行動時，並非對結果毫不在意，但是更專注於追求努力的品質與美感，這也是很珍貴的體驗。

例如，你還記得每次參加學校考試、大學入學考或者就業面試的情形嗎？你有沒有擔心過考試失敗？也就是說，你是不是把 Skopos（達成目標）看得太重要了？如果把心思放在 Telos（把事情做到最好）上，盡可能做好一切的準備，會不會比較好？你不再執著於結果，而是全心投入事前的準備，不就是為了更接近目標？

在這種心態下，你的目標就不是成功，而是盡量做到最好（在能力範圍內），成功與否就聽天由命（無法由我們自己決定）。

無論是想要入睡，想讓自己幸福，還是想成就某件事，我們越能夠對結果放手，越能夠致力於把動作做好，並結合各項有利的條件，通常過程也會更順利。

建議 •••• Suggestion

當我們停下生活的運行來練習冥想時，並沒有瞄準一個特定目標（只是放鬆，讓腦袋放空），但是我們會努力做到冥想本身的要求：體會我們的呼吸，我們的身體、聲音，觀察思緒的來來去去。因此我們知道凡是該來的總是會來，這要理解很容易，可是實行起來很困難，尤其是如果我們對於結果特別在意。冥想則可以幫助我們更接近這種智慧。

當我們感覺到自己對於成績太執著時，坐下來，呼吸，重新感受到身體的肌肉緊繃，內心太強烈傾向於達成目標，傾向Skopos。然後慢慢地把注意力的中心轉移到Telos，為了讓預期的結果發生，我們要做的就只有這個。

想要成功沒有別的方法，唯有盡力而已。然後把這一切都放掉，為了呼吸，微笑，活下去。

21

善用螢幕

喬・卡巴金（Jon Kabat-Zinn，醫學研究者）

我們被東西緊緊抓住時，不只藉由雙手，也藉由我們的心。

我們生活在一個很美好的年代！尤其是透過手機和電腦螢幕，使我們得以快速而且隨時取得各式各樣的資訊，跟遠方的人交換信息。

所以說這是個美好的年代，只不過我們對於這些螢幕的使用方式似乎遠遠超過原先的預期。

有一個簡單的計算千萬不能忘記，我們花在螢幕上的時間一定是從其他的活動偷來的，而那些活動對於我們的身心平衡往往更重要。

舉個例子，晚上我們用來看螢幕的時間，從下班或者放學回到家開始算起，取自於我們跟家人相處和睡覺的時間，而後兩項活動對於保持身心平衡來說是很基本的。

由此就產生一個問題：以螢幕和網路為代表的美好科技進步，是不是伴隨著心理學上的進步，使我們能夠善用這些工具？答案是否定的！我們往往不知道如何抗拒使用螢幕的衝動，對於它提供的內容貪婪到荒謬的地步。

但是我們並不是全盤皆輸。例如我經常觀察到練習冥想是最佳的解藥之一，可以保護我們免於數位狂熱。

練習 •••· Exercise

坐下來，把注意力轉向你的呼吸，花時間感受你的胸部和腹部的動作，每一次吐氣，每一次吸氣，呼吸，讓你自己去體會這一刻……

現在，問你自己這個問題：每次碰到需要等候的時刻，例如約會時提早抵達，在工作中暫停休息，或者正在等火車或公車，你的直接反應是什麼？是不是從口袋裡掏出手機，隨便瀏覽新聞或發個簡訊、玩個遊戲？說真的，在這種時候，如果你抬起頭，深呼吸，看看天空，讓身體放鬆，伸展一下肩膀，是不是比較好？

另一個問題：當你正在跟別人講話時，你的手機響了，其實當時你並沒有在等什麼重要的電話，你會怎麼做？你是不是要求與你面對面的真人等待，即使時間短暫，好讓你回應那個呼喚你的機器？如果你繼續交談，讓手機的答錄發揮它應有的功能，你之後再處理那則訊息，是不是比較好？

再一個問題，最後一個：你早上醒來第一個動作是什麼？透過螢幕接收來自世界和你的社群網路的消息？還是你會伸個懶腰，微笑，很開心自己還活著，做一點體操，或者坐下來冥想？

我沒有要跟你說教，當然了。只不過，身為醫生，我要提醒你注意一個絕對稱不上無害的現象……對了，現在，這一刻，你跟你的呼吸是處於什麼狀況？你是不是一直專注在呼吸的意識上？專注在身體的意識上？

建議 •••‥ Suggestion

我們花太多時間看螢幕，真的太多了。首先，螢幕讓我們毫不費力就能看到令人情緒激動的事物。其次，我們嚴重受到一些大企業的操控，這些大企業將螢幕和螢幕播送的內容商業化，因為抓住我們的注意力就可以賺到很多錢。畢竟，這一切出現在我們生活中的速度太快了，我們受到誘惑，變得依賴，而且我們沒有考慮到這一切對於我們的生活方式可能造成的危害……

可是看螢幕的時間，其實是從我們休息、作夢、關心世界以及身旁的人的時間偷來的。我們並沒有要完全捨棄螢幕，但是要把它們當成酒或甜點：味道可口卻有危險，因此享用時要節制，也就是謹慎而聰明地使用。由我們來決定如何讓螢幕不成為我們與世界之間的障礙，而是連結，就像其他的連結一樣。這應該可以由我們來掌控，不是嗎？

22

準備一道普羅旺斯雜燴

夏多布里昂（Chateaubriand，法國作家）

我煮的湯非常好喝，受到很多人的讚美，尤其是當我在普羅旺斯雜燴裡加入牛奶和包心菜，把它煮成英式濃湯。

在正念的狀態下完成日常的活動，這也是冥想練習的一部分。閉上眼睛坐著的冥想練習，以及莫名其妙的所謂「真實人生」，兩者之間的分界並不存在。只有剛入門的人會如此區分，大師們都知道進行任何活動時都是正念的好時機，而且應該盡可能這麼做。有一本很有名的冥想手冊，標題叫《狂喜之後洗衣服》（After the Ecstasy, the Laundry），它提醒了我們，比起認識狂喜，我們更常被提醒去洗衣服。因此，還不如學習如何一邊洗衣服或者做菜，一邊達到狂喜的境界。例如煮一鍋美味的普羅網斯雜燴。

練習••••Exercise

你要確定有足夠的時間可以準備你的普羅旺斯雜燴，因為沒有比必須匆匆忙忙完成一道菜更糟糕、更不適合冥想的了。如果時間不夠，或者我們認為時間不夠，就算是愉快的事情，做起來也會有壓力……如果你趕時間，那就算了……寧可把冷凍食品解凍，然後坐在陽光下，平靜地呼吸幾分鐘……

回來說普羅旺斯雜燴，在正念的情況下呼吸，感受身體，甚至帶著一抹淺淺的微笑……

先不要急著切蔬菜，溫柔地看著它們……欣賞它們的形狀和顏色……

把蔬菜拿在手上，觀察它們的重量和紋理，聞聞它們的味道……

當然，你看過的蔬菜可多了，番茄、彩椒、櫛瓜、茄子、大蒜、百里香……但不會是你手上的這一批。這些蔬菜，你是第一次，也是最後一次看到它們。

把你的注意力完全放在這些蔬菜上……你意識到它們出現在你面前所代表的神奇，意識到人們付出了種種的努力，播種、照料、採收，最後送到你手上。你意識到它們的存在就是奇蹟，所有的這些蔬菜，被人栽種，從土地吸收養分，接受陽光的溫暖，經歷過水的洗淨，還有授粉昆蟲的拜訪……

帶著敬意將它們切開，傾聽它們被分開時發出的爽快聲音，捧起切塊的蔬菜放在鼻子前，聞著剛散發出來的，蔬菜內部的氣味……

把蔬菜放進鍋裡，聽著它們被烹調的聲音，再聞聞它們的味道，已經開始改變，層次更豐富了……

等一下，或者明天，別忘了緩慢地、專心地品嘗你的普羅旺斯雜燴，至少在吃最前面幾口的時候……

建議⋯⋯Suggestion

冥想，並不是與世隔絕，而是更有意識地與世界連結，也因此懷著更多的愛與感恩。當然，我們經常為了學習冥想，或者為了更深入的練習，而與外界隔離，但是冥想的最終目的是去愛這個世界，並且在世界上活得更好。

冥想練習讓我們慢慢地學會把每一個日常的動作，轉化成有意識、有體會、有智慧的行動。在早上洗澡時、在準備餐點時、在為小孩讀故事書時、在完成各項工作時，用心去體會，就可以感受到我們所做之事的美好與趣味。

一切都會變得美好，有趣，因為活著本來就是美好而有趣的⋯⋯

23

聆聽世間的喧囂

野口米次郎（Yone Noguchi），日本作家

我聽鳥唱歌，不是為了牠的歌聲，
而是為了接下來的安靜。

我們往往沒有注意到，我們生活在一個背景聲響不斷的環境中，就像魚生活在水中。正如同魚需要水，我們也需要聲音：絕對安靜對我們的耳朵來說是不正常的，對我們的精神來說更是恐怖。有時候聲音令我們著迷或者讓我們心情平靜；有時候聲音對我們造成衝擊，令我們感覺不舒服。在任何情況下，聲音都是存在的，無論我們想不想聽見，無論我們做什麼事。我們可以閉上眼睛，但是無法關掉耳朵。

在正念冥想中，我們對於聆聽這個世界的聲音，以及如何回應這些聲音，做了許多的練習，這使我們更容易理解心靈運作的方式。

練習‧‧‧‧ Exercise

在你目前的所在之處，豎起耳朵注意聽，就是現在……

你自己不要發出聲音，在這一刻，不要為這世界增添聲音……

你可以閉上眼睛，讓自己聽得更清楚，不過這沒有強制性，就看你自己覺得怎麼做比較好……

留意你所在環境的背景聲音。根據你目前是位於城市裡或者大自然中，是戶外的開放空間或者封閉的室內，在一天中的不同時刻，不同的季節，你聽到的聲音都不會相同，但無論聽起來是什麼感覺，請注意聽所有的聲音。

哪一些是偶然出現一次的聲音？哪一些又是持續不斷或者規律地一再出現的聲音？

看看你的心思如何混雜著這些聲音，難道你不是正在想著這些聲音？正在評斷它們？例如：這個聲音悅耳，那個聲音不好聽……不然就是把聲音跟畫面聯想在一起，救護車的聲音會讓你聯想到事故，聽到一段對話會讓你想起這個人或那個人……

當你注意到這些想法跟聲音結合在一起時，盡你最大的努力，把意識拉回到聲音的本身，回到聲音最初的本質：這些聲音的來源是什麼？它們是固定的還是會移動？它們的音量不變還是時大時小？花時間觀察這些聲音的本質，而不是它們所代表的意義……

每當你的想法試圖取代真實的元素，將你拉進虛幻的世界裡，無論是夢想還是焦慮，像這樣練習去區別聲音以及聲音在你心中引發的聯想，就是在鍛鍊你自己的判斷力。

你還可以學到如何品味世界旋律的滋味與深度。仔細聆聽清晨的聲音和傍晚的聲音是不一樣的，雨天的聲音跟大白天中午的聲音，簡直就像兩個完全不同的宇宙。

建議•••• Suggestion

無論你在什麼地方，經常找時間聆聽，只要聽就好。只要你的人在那裡，一個活生生的人，聽著世界上的喧囂。

尤其是，尤其是，每當你身處在大自然中，盡可能地去聆聽，去體會那些自遠古以來就已經存在的美好聲音：鳥在唱歌、海浪拍岸、風吹過樹梢，遠方傳來人類交談的回音……

24

焦慮、擔憂與胡思亂想

我們都是愛說笑的人，我們克服自己的問題活下去。

蕭沆（Cioran，羅馬尼亞哲學家）

人類的心靈很有意思。它讓我們能夠反省，建立概念，規畫未來，回憶過往。它讓我們能夠想像不存在的事物，從微小的真實片段中建構出虛幻的宇宙。

當一切順利時，這種能力當然是神奇美妙，但是同樣的能力也可能將我們捲入焦慮的洪流中。心靈有能力將我們投射到一個尚未存在（或許永遠不會存在）的未來，並且不厭其煩地回顧過去的事件。如果心靈被我們的焦慮感誤導或征服，它的這種能力說不定會將我們毀滅。

以下是一個有可能克服這些不安的方法……

練習 •••• Exercise

讓最近這段期間帶給你煩惱的某個難題進入你的心靈。

無論這個難題要占據你心靈中多大的空間，都隨它去，不要與它對抗……

就好像你被一道非常強大的水流困住了，這是焦慮的洪流。為了不讓自己耗盡力氣，不讓自己溺斃，不要抵抗，一開始時先讓自己隨波逐流。

然後慢慢引導自己移向岸邊，坐在河岸上。洪流依然在眼前，不過你看著它流過去，而不是陷溺在其中。

想要如此看待你的焦慮的洪流，很簡單，你就慢慢將注意力轉移到你的呼吸，你的身體上……停留在這一刻的正念岸上。

有些想法和畫面令人焦慮，當然了，你會害怕……不過還有你的呼吸……你的身體……聲音……以及你周圍的世界。你越是把注意力轉移到這一切，對你的幫助越大……

暫時不要問自己「為什麼」或者「接下來」或者「怎麼辦」之類的問題，這個時候你就只要呼吸，感覺現在自己體內的生命；其他的都不需要。

你只需要花時間活在這一刻，就是這一刻……從焦慮的河岸邊找回力量，還有呼吸再呼吸……

建議‧‧‧‧Suggestion

焦慮並不是錯覺，但是它會放大，會把人困住。當然，我們擔憂的出發點都是基於現實，可是如果被焦慮困住，它就會把我們帶向虛幻，事實被扭曲和誇大的虛幻，然後是絕望的虛幻。像這樣的時刻，我們可能會有一段時間跟外面的世界和理智完全失聯。

那麼，只要先從回到現實開始，為我們在第一時間爭取到平靜的心情和應變的空間。現實，就是我們的呼吸，我們的身體、聲音，以及當下這一刻的宇宙。現實，就像手術恢復室，讓我們從焦慮、恐慌與不安的昏昏沉沉中清醒過來。現實，是具體，可以讓我們從深深陷入的焦慮洪流中脫離。

25

什麼都不做

儒勒・雷納爾（Jules Renard，法國小說家）

從前，遇到危險的時候，我害怕採取行動。如今，我對於行動感到害怕，或者應該說我喜歡不作為。

練習冥想時，我們經常要求學員不要進行活動或者消遣，什麼都不要做。什麼都不做，並不是昏昏欲睡或者做白日夢，而是在不作為的狀態下保持完全的清醒。我們透過腦波圖或神經影像等現代科技觀察冥想者的腦部，會發現他們的腦部活動非常活躍！因為不作為，外表上看起來沒有活動，但並不是真的不動，而是內在活躍。冥想者是完全清醒的，雖然什麼都不做，但是可以感受到一切、看見一切、聽見一切。就像哲學家安德烈．貢史邦維爾談到禪修時曾經說過：「什麼都不做，但是做到徹底！」

為什麼發展出不作為的喜好是有益處的？首先，因為不尋常啊！有時候，做不尋常的事，感覺很好。其次，我們腦部有些特定部位，只有當我們什麼都不做時，這些部位才會活躍。腦部的這些部位合稱為「預設模式網路」，在我們的反省、創意與同情能力中扮演重要的角色。因此，不作為符合我們在宗教和靈性傳統上所謂的沉思態度：這是一種不完成任何行動，不追隨任何慾望的處世方式。

一起來試試看……

練習 ●●● Exercise

唯一要做的，就是什麼都不做……思緒任由它來……任由它出現……

停止行動……或想要……或期望……或等待……

你只要專心待在那裡就好……

退開一步，為了意識到這一刻……讓自己進入「我是……」的模式，不要停留在「我做……」的模式，進入「感受」區而不是「反省」區……

讓你的心中慢慢浮現一切跟呼吸相關的感受……一切跟身體相關的感受……

讓所有的聲音進入你的心中，但是不要去在意任何一種聲音……

讓所有的想法在你的腦中徘徊，但是不要被任何一種想法牽著走……

你沒有任何目標要追隨，沒有任何事要做，沒有任何目的地等著你抵達……

你已經有你需要的一切，你已經到達你應該到達的地方，你只是正在過你的日子……

就待在那裡……再一下子……

建議‧‧‧‧ Suggestion

在我們這一生中，有很多機會可以什麼都不做，即使是止在趕時間；尤其是當我們正在趕時間！不作為可以在擁擠中找到空間，比我們想像的更容易。在排隊時、在等候區、車站月台上或者機場候機室中，我們可以利用這種時候什麼都不做，而不是講電話、胡思亂想或者看螢幕。

像這種時候，與其在我們的頭腦中塞滿了該做或者該想的事情，不如讓它呼吸，帶領它去從來沒去過的地方，例如，不作為的世界，讓它去體會不活動卻清醒的世界。你等著看，它將會非常喜歡……

26

正念伸展

伍迪・艾倫（Woody Allen，美國導演）

精神與肉體是分開的嗎？如果是，
應該選哪一個好呢？

我們花太多的時間坐著，需要任何東西，隨便伸個手或者動動手指就有了，而且我們會忽略我們的身體……再加上我們有一種想得太多卻沒有充分去感受的傾向，總之我們傾向於認定自己是純粹的精神。

然而我們不只是純粹的精神！我們的精神，至少在人間，跟我們的身體注定是密不可分的，因此我們必須尊重後者的需求。在所有的冥想課程中，都會出現正念的緩慢伸展練習，就是這個原因。

以下就是一個例子。

練習 •••• Exercise

站著……身體要直……肩膀打開……提醒自己千萬不要勉強，尤其是如果你不習慣動員自己的身體……

在做動作之前、做動作的時候、做完動作後，都要好好地傾聽自己的感受。

輕輕把雙手舉向空中，慢慢地，一旦手舉到頂，維持這個動作一段時間，同時穩穩地呼吸，盡量把手舉到最高，然後慢慢把手放下，當雙臂達到水平位置時，維持不動……一邊呼吸，一邊觀察你的手臂、肩膀和身體的所有的感受。

現在讓你的手垂下來，讓它們垂在身邊，不必用力……看看會出現什麼樣的感受……

穩穩地呼吸，然後重複剛才的動作，以同樣的方式，不過這次先舉一隻手，再換另一隻手……

你也可以自創你的身體需要的伸展動作，例如以腳尖站立，手舉向空中，然後用右腳尖站立，再換左腳尖站立，諸如此類。唯一的規則就是不要勉強，一邊做動作一邊呼吸，而且動作要慢，才能專注地充分體會到各種感覺，隨著身體的動作出現然後又消失。

建議‧‧‧‧Suggestion

我們的生活型態越是坐著不動，越有必要經常做這些動作，伸展我們的身體。例如坐辦公室的人，或者開車、乘火車、搭飛機旅行的人，不妨每個鐘頭都來伸展一下。

早上醒來的時候，與其迫不及待地看電腦、洗澡、喝咖啡，不如打開窗戶伸展一番。這麼做有益我們的身體和精神，也就是對你的整個人都有好處。

27

感恩

安德烈・貢史邦維爾（André Comte-Sponville，法國哲學家）

感恩會因為接受恩惠而歡喜，自尊則寧可忘了有這回事。

感恩，就是意識到我們接受了他人的恩惠，而且這種意識伴隨著愉快的情緒。如果稍微深入思考一下，感恩是一種很強大的情緒。因為一般而言，在我們生命中重要的一切，或者幾乎可以說是一切，都有受到別人的恩惠，至少某些部分是如此。

因此，不以喜悅謙卑的心情體認來自他人的恩惠，是一種錯誤，是一種幻覺。接受這項事實並因而感到喜悅，則使我們的思慮更清晰，更堅強，而且更幸福。

因此在冥想的傳統中，有許多練習跟學習感恩有關，例如以下所介紹。

練習 •••: Exercise

坐下來，閉上眼睛，將自己安定在當下的這一刻。

讓自己平靜地連結到你的呼吸……你的身體……你周圍的聲音……讓自己連結到當下的一切，無論是什麼……這一刻，只要單純地去體會世界本來的樣子……

然後，慢慢地，不必按照次序，讓一些人的臉孔浮現在你的腦海中，他們離你或近或遠，曾經在生命中的這個或那個時刻幫助過你。

他們是你的父母、師長、親人、朋友、同事，有時候或許只是陌生人……

你要知道，在你生命中的某個時刻，他們選擇對你付出他們的愛，他們的關懷、他們的時間、他們的建議，他們如同母親的照顧，沒有人逼他們這麼做，他們也可以不這麼做；但他們還是幫助了你……

花時間再看一次他們的臉孔，讓跟他們相關的影像與記憶，還有他們曾經給予你的幫助，浮現在你的腦海中……隨著這些畫面，這些臉孔，好好地呼吸，讓感恩的情緒充滿你的內心，充滿你的全身……

微笑……你要記得這些人都以他們的方式愛著你……他們提供的一切幫助，無論是大是小，都是懷著愛、感情、親切、善意、溫柔、友誼的舉動……這一切都給了你……豈不是很令人感動？

建議……Suggestion

感恩是一種能夠令我們張開眼睛的美德。如果沒有其他人，我們就什麼都不是，也不會有什麼成就。

永遠別忘記別人給我們的恩惠，也別忘記感謝那些曾經施恩予我們的人，而且我們要報答他們。

我們可以時常在內心裡開啟一個感恩的空間。每天晚上，在入睡之前，回想我們從其他人那裡獲得了些什麼？這些其他人有時候會惹惱我們或傷害我們，但是從他們身上，我們也接受過許多恩惠。

28

回應或反應？

我的某位病人

生活中有許多情況會促使我們趕時間，加快動作，在匆忙之中犯下一堆錯誤……碰到這種時候，我們可不能上當！

我們的社會刺激我們主動加快速度，迅速反應，不經過太多的思考。社會推崇這樣的反應，視之為優點與美德。如果有人能夠迅速反應我們的需求，他就是好人！但是反應並不是美德！

因此在冥想時，我們會仔細地區分「回應」與「反應」。反應，就是行為跟動物沒有兩樣，或者就像是巴夫洛夫的狗[1]：受到刺激，做出反應，完全是自發性的，不經過思考；回應，則是花時間檢視發生了什麼事，別人對我們有什麼需求，然後決定應該採取什麼態度。

往往，我們沒有花時間做出回應，因為反應來得更快，而且在當下也比較不費力氣。然而這樣做不見得比較划算。

所以你要回應還是反應？讓我們花一點時間來好好回答這個問題……

1 編註：俄羅斯生理、心理學家巴夫洛夫對狗進行反射、制約等研究。

練習‧‧‧‧ Exercise

慢慢地站起來，平靜地呼吸，輕輕地微笑……

然後思考以下這些情況：你真的非得對這封郵件、這則簡訊或者這通電話立刻做出反應嗎？

你真的非得現在就決定是否要購買這項昂貴的商品（在銷售員給你壓力的情況下）？

這件事情這麼複雜，你真的非得立刻說出你的意見，或者做出決定嗎？

不是……最常見的狀況是，你並沒有一定要反應得這麼迅速……

為了回應，而不只是反應，我們必須花時間看看自己內心產生的衝動反應，我們要給自己一點時間，停下來，呼吸，觀察……

面對別人對我們提出的請求，我們下判斷的時間應該要包括停下來以及完整的傾聽……就跟平常一樣，傾聽自己的呼吸和自己的身體：身體是如何回應的？面對這種假的緊急狀況，身體怎麼說？是歡喜接受，還是感到壓力？

花時間觀察自己的想法和衝動……繼續呼吸再呼吸……

然後決定我們該怎麼做，決定要思慮清楚地回應，而不是本能地反應……

建議••••• Suggestion

最後，每次都要問自己這個問題：我打算怎麼做，我想要的是回應（來自於我）還是反應（來自於別人給我的壓力）？

一定要留給自己做決定的時間，別讓自己助長這種無謂加速的污染，別讓自己跟著散播這種「快點去做」的壓力。

我們也要留時間給對方，容許他們可以思考而不只是直接反應。我們要善待自己，也要善待這個如此美麗，有時候卻如此瘋狂的世界。

29

有用與無用：樹的冥想

蕭沆（Cioran，羅馬尼亞哲學家）

在鄉間失眠。有一次，大約清晨五點時，我起床注視著花園。伊甸園的景象，超自然的晨光。在遠方，四棵白楊樹伸出枝芽指向天神……

在我們獻給冥想初學者的各項建議中，以下這句話很有代表性：「當你冥想的時候，不要追求任何目標，放棄達到任何境界⋯⋯」這或許是學習過程中最令人困惑的其中一點。人們會問自己：「我不能有所期待，努力卻沒有任何目標？可是沒有期待，沒有目標，我們哪裡都去不了！這是沒有用的！」

因為冥想不願意追求即刻可達成的目標，因為它拒絕成為有效益的活動，因為它討厭以下之類的問題：「如果我在這上面投入時間和精力，經過多久之後我可以獲得投資的回報？」冥想可能看起來的確沒什麼用，但事實上它提供了一條迂迴而且需要耐心的途徑，讓你在宣稱征服世界之前，先了解處世的智慧。

以下的練習——樹的冥想——就是跟「有用」和「無用」的觀念有關。

練習 •••⋯ Exercise

確認你在這裡，好好地面對你自己⋯⋯

你的身體在這裡，當然了，可是花時間確認一下，你的心思也在這裡⋯⋯如果你眼前有一棵樹，非常好⋯⋯不然的話就想像一棵你很熟悉，也很喜歡的樹⋯⋯

或者想像任何一棵樹……

平靜地注視著它……你看它沒做什麼，這棵樹，什麼事也不做……你看它似乎很沒用……事實上，當然了，它做的事可多了：它發芽，它長大，它過濾空氣，它釋放氧氣，它提供遮蔭，它美化風景，它讓鳥和昆蟲有藏身之處，它減緩強烈的風勢……

而你，在此刻，你就像這棵樹：你在冥想，動也不動，顯然沒什麼用處……你只是在那裡，追隨著來來回回的呼吸……花時間感受身體內發生的各種狀況……傾聽世界的呢喃……

然而，就像那棵樹，看起來沒做什麼，沒有在努力，沒有直接的企圖，你讓許多重要的、感人的事情得以發生：你為這個喧鬧躁動的世界帶來一點平靜……你在心靈舒緩的同時也讓自己感到愉快……你培養了自己的感性與專注力……

只不過是因為你決定待在這裡，動也不動，把注意力放在你的呼吸……你的身體……世界的聲音……讓你的思緒流過……沒有追求什麼，不打算去任何地方……只是接受，在這段期間內，不做什麼有用的事，至少看起來是如此。

建議‧‧‧ Suggestion

如果我們更經常容許自己什麼都不做，什麼都不生產，什麼都不追求，人世間的許多情況就會有所不同。

當然了，行動──至少某些行動──有助於改變世界，有助於推翻、摧毀這個世界，以便重建一個更美好的世界；但是冥想，它也同樣有助於改變世界，讓世界變得和平。

因此，為了讓世界運轉，生命延續，行動與冥想，有用與無用，這兩者都是必要的。

30

不可傷害別人

克里斯汀・波旁（Christian Bobin，法國詩人）

我們都曾經多次傷害別人，然後有一天我們就死了。

不可傷害別人，這是所有文化、所有宗教的共同主張，社會生活中不可或缺的原則；這也是哲學家們所謂的金科玉律：己所不欲勿施於人，不要對別人做出你自己都不願意接受的事。

有時候，我們傷害別人可能是出於故意，但是最常見的原因是笨拙、疏忽、自我中心、注意力不足、不專心。因此致力於正念生活，有助於減少我們對別人造成痛苦。

所有的冥想傳統，都會針對因為注意力不足或內心不穩定而對別人施暴或得罪人的情況，提供一些強調善意與警覺性的練習，以下就是一個例子。

練習 •••·· Exercise

坐下來，讓你的身體做二、三次和緩的深呼吸……

你要察覺到你的呼吸……察覺到你自己……察覺到當下此刻……

「不可傷害別人」這項功課其實沒有那麼困難……人生本來就充滿了痛苦。從出生到死亡，每個人都會遇到許多痛苦（疾病、意外、哀悼死亡）……所以，何必再增添痛苦？

「不可傷害別人」……只要努力，盡其所能，不要說謊，不要輕視別人，不要侵犯別人，不要侮辱別人……

努力不要說出具有攻擊性或者傷人的話，即使我們自己都已經受到傷害……這並不是把自己變成受害者，忍受其他人的種種暴力而從不反擊，而是漸漸地學會防禦這些暴力，但不需要讓自己也變得暴力；這是有可能做得到的，千萬不要放棄說「不」或「停下來」，但說的時候不要帶著傷害別人的意圖。

你早晨醒來時會不會告訴自己：「好，今天，我打算傷害某某人？」或許從來沒有吧……那麼，你怎麼會做出這種事？因為注意力不足，還是準備不夠？在你留意著你的呼吸，留意著平穩的呼吸動作時，只要經常地提醒自己：「不可傷害別人……不可傷害別人」，而且試著，每個人都以自己的方式，不要為這個世界增添不幸……世界上的不幸已經夠多了……

建議••••• Suggestion

有些奇怪的人認為非暴力的主張過時了，像這樣活著多沒意思，人生就是要惡言惡行才會有趣。對於他們來說或許是如此，但是絕大部分的人可不這麼認為。做壞事，說壞話，只是增加所有人的痛苦，包括受到傷害的人以及製造傷害的人，全人類都會因為這項痛苦而感到沉重，然而只要多一點注意，多一點感情，這種痛苦原本是可以避免的。

因此，到了晚上，經常問自己這個問題：「今天我有沒有造成別人的痛苦？如果有，這是可以避免的嗎？如果我換個做法呢？如果我換個不同的說法呢？」到了早上，經常提醒自己這個願望，這項簡單的功課：「只要我能力所及，做好事，不要做壞事。」

這是一項環保的功課，就像我們不會把塑膠袋或者使用過的電池丟進河川或森林裡，我們也不該把惡言惡行或者惡意丟進人與人互相連結的人海裡。希望每個人都盡其所能做到這一點，世界也會因此而改變。

31

呼吸空間

阿姜查（Ajahn Chan，森林比丘與冥想大師）

如果你有時間呼吸，就會有時間冥想。

呼吸是一切冥想練習的核心。在這些練習當中，呼吸空間是一項很經典、很基本的練習，或許也是冥想者最常做的一種練習。

練習的方式只是暫停一切的活動，一天好幾次，在正念的情況下，按照生物本能，除了呼吸以外不做其他的事。做一次這樣的呼吸空間練習，可以讓我們跟自己重新連結，讓我們重拾專注，找回意識。這樣做會帶來許多好處。

練習••••Exercise

做這項練習需要三分鐘（但是你要的話也可以花更久的時間），而且分成三個階段，每個階段大約一分鐘。

停止你手上的活動或者正在想的事情，採取端正的坐姿，你願意的話可以閉上眼睛……

開始第一階段，觀察此時此刻你的精神和身體內在的狀態。你如何描述你的體內氣象？有哪些思緒在你的心靈天空流轉？你感受到哪些情緒？你的身體出現了哪些感覺？不必試著改變什麼，只要對本來就在你體內的一切保持開放……

然後進入第二階段。把你的注意力帶到你的呼吸上。你要去體會你的呼吸動作。觀察身體的感覺，在吸氣的過程中會出現溫和的變化，在吐氣的過程中也是。如果思緒跑掉了，你只需要看著它跑去哪裡……然後每次都和緩地把它拉回到呼吸上。

最後是第三階段，讓你的意識隨著呼吸擴大，直到包圍住整個身體，就好像你從頭到腳，整個身體都在呼吸。你要意識到你的姿勢，你的臉部表情，你的身體感受。

你要全心全意地體會這一刻。

好，結束了……回去進行你手上的活動吧……慢慢地，有一點微小的改變已經發生了……

建議 •●•: Suggestion

我們在一天的作息當中，可以多找機會做這種呼吸空間的練習，例如趁兩個活動之間的空檔，這使我們得以重新專注於正在做的事情或者正在過的生活；或者當我們遭遇困難，感受到痛苦的情緒，覺得無所適從的時候，也是一個練習的好時機。

停下來，找回意識，呼吸，在重拾丁上的活動之前先收心，往往可以讓你稍微平靜下來，變得更專注。

然而我們也可以在一切安好的時候做三分鐘的呼吸空間練習，這樣更能夠品味我們正在活著的當下。

就只是這麼簡單。

32

靜心

艾蒂・希勒森（Etty Hillesum，荷蘭作家）

我真的應該變得更單純一點。讓自己生活得多一點。從現在起停止要求我的人生有什麼成就。不過我已經找到方法。思考不能讓我脫離困境。我只要蹲在地上，躲在角落裡，就這樣縮成一團，傾聽自己內心的聲音。思考，在學術研究上是一項偉大美好的工作，不過能讓你從心理困境中解脫出來的不會是思考。你必須知道如何消極以對，如何傾聽。找回你和一小塊宇宙的連結。

靜心，就是收斂自己的心思，找回自我，與自我重新產生連結。

的確，我們的許多行為和我們的環境會切斷我們與自我的連結，使我們的心靈感受不到自我的存在。我們往往要停止去做「做」某些事，才能感受自我存在。

有些地點，例如教堂或祈禱的場所，比較容易讓我們的心靜下來。在大自然中也很適合靜心，或許是因為經常接近大自然有益我們的健康，正如越來越多的研究顯示的結果。在大自然中，我們可以找回平靜，緩慢與延續性，這些「精神食糧」對於正念是有幫助的。不過，我們也可以在日常生活的紛亂中靜心，在我們習慣的環境中決定暫停一切，給自己一段緩衝的時間。

這些忙裡偷閒的時刻，往往來自於無所用心的生活，也就是我們自己的生活；這樣的時刻，有時候可能會成為最巔峰的時刻。在這種時刻，我們會忽然感受到更大的內在空間，更清楚的神智，以及一種奇妙的、不尋常的心平氣和。

練習 •••• Exercise

對，這是有可能的……只要下定決心找時間讓自己的心靜下來，花個幾分鐘，讓生活的方式從採取行動跳到單純的存在……（採取行動往往是必要的，但也不該忘記去感覺自己的存在，不是嗎？）

讓自己的心靜下來……你意識到自己分心了，有很多東西會讓你分心……有的很重要，其他的卻是無足輕重；有的很美好，其他的卻是毫無用處……

平靜地決定把心思找回來……決定回到現實，回到當下此刻的現實……

把自己安定在你目前所在的地點：看看這裡，注意看，要看到每個細節，要去體會它的聲音，它的氣味，這個地點的氛圍，它的現況。

接下來把注意力轉向你自己，好好地感覺你的呼吸，你的身體……

然後不厭其煩地將注意力的根本拉回到此時此刻所有的、可觸及的一切，包括你的呼吸，你的身體，你在這個地點的所見、所聽、所聞……盡你最大的努力，其他的就讓它們過去……你沒有目標、沒有期待，就只是在那裡而已……

建議…… Suggestion

聖徒法蘭索瓦德沙雷（François de Sales）說：「每天半小時的冥想是基本，

除非你的生活很忙碌。在這種情況下，需要冥想一小時。」你的生活越忙亂，越應該經常找時間讓心靜下來。

每當你路過祈禱的場所時，就找機會進去；每當你接近大自然的環境時，就找機會停留。

在廚房、在辦公室，或者坐在公園的椅子上時，你都可以讓心靜下來。

在我們生活的世界上，時常會颳起分心和煽動的強風，你要和緩地、經常地把心思收回來，別讓這陣強風把你給吹跑了。

33

面對痛苦：正念的庇護

受苦，就是對於某一件事給予最大的關注……

保羅・瓦勒里（Paul Valéry，法國詩人）

面對痛苦的方式有一千零一種。我們可以藉由消遣，或者行動，努力逃避痛苦。而人類往往以投入工作或者一直看螢幕的方式來逃避他們的焦慮。我們也可以試著解決令我們感到痛苦的難題：這很理想，但不見得做得到，除非這個難題就像卡在鞋子裡的小石子，可以輕易拿掉。如果這個難題，比方說，跟親人的健康或者子女的前途有關，要解決就沒有這麼容易了。

這一切（行動、消遣、尋找解決的辦法）可能有用……或者沒用。在這種情況下，還有另一條路：「正念」，它是當我們面臨痛苦和困難時，除了慣用的應對方式之外的另一個選項。與其逃避或者修正問題，我們先從觀察我們對問題的反應開始，這是為了看得更清楚，才會明白應該採取什麼態度。

我們一起來看看這個過程……

練習 •••• Exercise

面對痛苦，第一件要做的事，就是停下來並且接受它的出現。沒有人會喜歡「接受痛苦」這個想法，不過這是我們對接受的觀念有所誤解……

接受，並不是說：「很好」，而是說：「它在這裡」。

接受，不是忍耐，不是為此而喜悅，只是放棄無謂的抵抗……

接受，並不容易。因為面對困難或者困難引起的痛苦，我們的心靈會對著我們大喊：「想想辦法，採取行動！或者你至少要擔心啊！要煩惱啊！」「不，目前，什麼都不要做」。而正念對我們如此建議：「總之，你平常會去做的事都不要做。」

於是，我們就像每次練習時那樣，將注意力轉向我們的呼吸……

我們要花時間觀察和感受這一刻的體驗：「我現在聽到了什麼？感受到什麼？我在想什麼？」

然後苦難回來了，問題回來了，心靈由於憂慮而再度糾結……我們就把意識的空間打開擴大……

就像這樣，不厭其煩地，當我們受苦的時候……讓我們受苦的事情和痛苦的本身都會使心靈糾結……我們就要努力，一次又一次地打開、擴大我們的精神空間，接納伴隨著憂慮而來的一切。

與其讓我們的心靈糾結，毫無必要地越陷越深，鑽牛角尖，走不出來，我們應該不厭其煩地把牆推開，讓我們的頭腦內部還有空隙可以呼吸……我們要朝著我們的呼吸，我們的身體，朝著聲音，朝著發生在我們身上的一切，打開窗戶……

尤其是，千萬不要讓自己跟痛苦單獨困在一起……要把心打開，以接納其他的一切……

建議 ••• Suggestion

冥想就像是精神的生態學，我們建議每一次開始的時候，先在正念的庇護下接納痛苦，也就是讓心靈處於寬大流動的狀態，不會糾結在唯一的痛苦上，不會執著不放，知道痛苦就在那裡，但不會侷限在痛苦上……

面對讓我們痛苦的事，我們可以打開我們的心，擴大我們的意識空間……呼吸……每一次痛苦後退、後退、後退時，就把意識的空間擴大、擴大、擴大……繼續呼吸……

很快地，有些事情將會改變，我們應該要接受這改變不知道會是什麼，也不知道什麼時候會發生。

34

三件幸福的事

伊比鳩魯（Epicurus，古希臘哲學家）

所以你必須冥想可以帶來幸福的事，畢竟幸福來臨的時候，我們擁有一切；幸福不在的時候，我們盡一切的力量追求。

我一直不停地建議你，對於這些教訓，你要去實踐，要去冥想，而且知道它們是生活幸福的要素。

當我們冥想的時候，並不是在追求幸福，至少不是以直接的、刻意的方式追求幸福。然而，我們手邊所有的研究都顯示，經常冥想可以慢慢地讓我們更有能力去品味生活中的美好時刻，而不是忽略它們。冥想會增加愉快的情緒出現的機會，我們藉由分析冥想者的腦部活動來觀察這個現象的生物特徵，冥想者的左前額葉的電流活動增加，這跟愉快的情緒提升有關。

如果一般來說冥想可以增進我們的幸福能力，或許是因為練習冥想會使我們更有意識；如果更有意識，我們就更能夠張開眼睛看到身邊發生的一切好事，而不是只會把心思集中在不好的事情上。

我們也可以刻意地並且輕易地擴大這個效果，只要將冥想的注意力轉移到當天的某些愉快的時刻，就像以下的「三件幸福的事」的練習。

練習 •••… Exercise

方法很簡單，只要趁你晚上睡覺之前，把你的心思轉移到當天所經歷的三個愉快的時刻。

不一定是多麼了不起的幸福……幾件小事就夠了，例如一小段時間的藍天，一個陌生人的微笑，一件工作進行得很順利，品嘗到一道好菜，和親人一起開懷大笑……

並沒有一定要度過很愉快、很美好的一天，相反的，如果這一天很普通，很麻煩，甚至很難過，做這項練習會更有收穫……因為，它讓我們看到，即使在這種情況下，總會有一些愉快的時刻，我們不應該忘記。

所以，當我們要睡覺的時候，花時間想想三個愉快的時刻，盡可能回想起最多的細節，尤其是感官上的：光線、聲音、臉孔……在每一段回憶中好好地呼吸……讓這段記憶留在我們的體內，跟愉快的生理感受連結在一起……

慢慢地，用全心去體會被你帶進記憶裡的情境。不必滿足於很快就想到三個幸福的時刻，而是要讓你的全身深刻地感受到這些幸福。

別忘了微笑，平靜地，溫和地，帶著笑容睡著……

建議••••Suggestion

為什麼做這項練習？因為，當我們入睡時，我們的心靈比較傾向於尋找尚待解決的問題，當天或者第二天要操心的事，而不是我們經歷到的美好事物。我們不是要排除心靈尋找煩惱的舉動，但是不妨加以平衡，也要回想起生活中的好事。

像這樣每天晚上想想當天的三個幸福的時刻，讓這些幸福更深刻地駐留在我們的心靈和身體內，我們是在鍛鍊自己辨認出這些微小幸福的能力，我們訓練自己不要忘記生活中也有好事發生。

我們，可憐的人類，心思經常會回到當天、前一天或者第二天發生的所有的不幸；想起過去或未來時，也要多想想我們的幸福，對我們會有很大的好處。有很多幸福是我們沒有想到的。

我們就從今天晚上開始？

35

和身體一起思考

尼采（Nietzsche，德國哲學家）

對於看不起身體的人，我有一句話要說。我不要求他們改變看法或教義，只要他們擺脫自己的身體；這樣就能讓他們沉默不語。

我們總是以同樣的方式思考：自發性地，以頭腦思考。一般來說，這個方式的效果還不錯，我們也因此解決了生活中的許多問題和困難。可是有時候這招無效，我們的想法在原地打轉找不到出路，這就不再是思考，而是胡思亂想。我們不再前進，只是兜圈子。

像這樣的時候，再堅持下去也沒有用。傳統的、心靈的、依靠頭腦的思考方式，已經提供了它所能提供的，這時候就需要借助其他的管道。換一個方式，更依賴直覺，例如用身體來思考，就像冥想教給我們的方式。這並不是要你不再思考，不再以心靈來思考，而是先經由身體稍微繞個路，再回到我們所習慣的思考與解決問題模式。

以下說明如何進行……

練習……Exercise

如果你覺得遇到阻礙，被一個或大或小的難題困住，如果你的思考沒有進展，淪為毫無結果的胡思亂想，那麼你就停止只用頭腦來思考……

停止一切，坐下來，然後閉上眼睛……

你注意到你有一些想法，任由它們在你不奉陪的情況下持續下去，讓它們在你的心裡來來去去，不用刻意驅趕它們，但是要留意別去助長它們……

在這種時候，你就把心思轉移到其他的一切：你意識到你的呼吸，好好地感受你呼吸的動作；你意識到這個時刻，就在這個地點，所出現的一切聲音，無論是什麼聲音，把它們全部收進來；你只需要體驗這一刻，別的什麼都不要……

觀察你的身體的情況，對於你的思考碰到阻礙找不到出路，身體以什麼樣的方式來回應？你能不能稍微照顧一下你的身體？你能不能確認一下你是不是好好地坐著，背脊挺直，肩膀打開，牙關放鬆？

你意識到身體有一些部位會緊張或者感到不舒服，甚至痛苦；容許身體有這些感受，和緩地將你的呼吸引導到這些部位，想像每一次吸氣，每一次吐氣，你的氣息就會通過這些部位……

然後將你的意識擴大到全身的其他部位，甚至包括那些沒有表示意見，沒有要求你關注的部位……

目前，先不必為你的煩惱尋求解決之道，你只需要去體會你的身體，你的呼吸，你在這一刻的所有感受……

任憑你的想法在這個擴大的意識空間裡遊蕩，讓它們去自生自滅……只不過，你不要再把重要的精力和關注獻給這些想法……

呼吸……感受……就這樣保持個幾分鐘……

建議 •••• Suggestion

當我們的思考遇到阻礙，找不到出口時，我們可以借用別的路徑，我們可以放下我們的想法，把注意力轉移到身體的感受，無論是什麼樣的感受。

我們不期待馬上會有結果，只要花時間喚醒身體其他的部位，或許它們遲早會對於找出解決之道做出一些貢獻。

用我們的整個身體來思考，而不是只用頭腦；這往往會比我們想像的更有幫助，而我們的頭腦，或許有一點嫉妒，不願意讓我們相信這一點。

36

看見不可見

胡戈・馮・霍夫曼史塔（Hugo Von Hofmannsthal，奧地利作家）

從農村生活的各種所有微不足道、粗劣的物品中找出一項穩重可靠而外表不起眼的，它的形狀平凡無奇，它的沉默本質可能成為這謎一般的、安靜的、無限的欣喜的源頭。

在冥想中有一個關於「觀看」的矛盾。的確，我們經常訓練自己閉上眼睛冥想，然而這是為了之後更能夠睜大眼睛看世界。正念地活著，就是花時間注視。注視，就是不具意向性的觀看。我們觀看不再是為了使用、控制、主導，只是為了親身體會，為了看見我們習以為常的、實用的、功能性的、匆匆忙忙的眼光永遠看不見的景象。

然而平凡的物品並不平凡：它們很奇妙。水、杯、壺、桌子、牆壁、杏桃、大蒜：很奇妙。喝、吃、製造，身為一個聰明、好奇、勤奮的物種：很奇妙。張開眼睛看到這一切近在身邊卻被忽視的物品有著深不可測無法估計的豐富性：很奇妙。假如我們用正念去看，每件物品都是一個寶物。這一件是別人給的，那一件是我們在某個時間、某個地點購買的，另一件則是古早以前住在遙遠大陸的人們發明創造出來的，那一件也是來自很遙遠的地方。讓我們來一起看看好嗎？

練習 •••·· Exercise

你現在是獨自一人，在一個安靜的地方？

那麼，在房間裡或者你所在的地點，在這一刻，平靜地看著你的四周……讓你的目光停留在你身邊的物品上，尤其是那些你不會多看一眼的東西，因為它們一直擺在那裡，沉默地、卑微地為你服務，直到再也引不起你的注意。

你可以坐在房間裡一個平常不會靠近的角落，或者一個你從來沒去過的地點，這是為了調整你的視線，讓你看到目前為止你的心裡看不見的事物。

選擇桌子，一個杯子，一塊海綿，隨便一樣東西，觀察它的物質性：顏色、形狀、輪廓……伸出手指輕輕地撫摸，感受它的質地，花時間注意它的細節……呼吸，感受你的身體，帶著笑容與你選擇的物品安靜對話，友善相處，合為一體。

然後擴大你的視野：這種東西從哪個年代開始出現在人們的日常生活中？你眼前的這樣東西，它有什麼來歷？如果它是一顆水果或蔬菜，它是在哪裡栽種的？它被誰帶到這個地方？是誰賣給你的，是誰交給你的？如果它是一件物品，它是誰設計的，是誰製造的？這顆水果或蔬菜，陽光和水使它得以生長，經過人們的努力和照顧，經過漫長的路途才到達這個地方，這一切，你看見了嗎？

繼續注視這樣東西一小段時間，它值得的……

慢慢地，任由思緒回流，只留下物品的本質，除了它那安靜的存在，你對它已別無所求……

建議 •••• Suggestion

不需要望遠鏡或顯微鏡，也能超越我們習以為常的視野，只需要把心靈的眼睛睜得更大。

經常花時間在注視日常物品的奇妙感受中神遊：一顆核桃、一隻鞋子、一根草、一台電話機……花時間去接近它們，觀察它們。花時間去讚賞它們所能訴說的一切：這麼多的智慧和努力讓它們得以存在，經過這麼多的過程才能來到這裡，來到我們的眼前，進入我們的生活！鍋子或者花朵撫慰人心令人驚奇的神祕力量，一直被忽視和遺忘，除了現在，此刻。

探訪微不足道的東西，就像是對這個令人目瞪口呆的幸運表達感謝與敬意：「我是人類，我活著而且有意識。」

有的微笑看了就令人反感，例如政客或者明星想要討好或吸引人的微笑；那種微笑是膚淺的、虛假的，一看到攝影機或照相機靠近就自動擺出來；那是無聊的微笑。有的微笑可以觸動人心，例如蒙娜麗莎或者釋迦牟尼的微笑，兒童或陌生人的微笑，出於讚嘆或者善意而展現的微笑；這種微笑是深刻的，充滿力量與溫情。

37 微笑

阿蘭（Alain，原名 Émile-Auguste Chartier，法國哲學家）

一個微笑在我們看來似乎沒什麼，對於心情不起作用，我們也從不試著微笑。可是禮貌，在促使我們擠出微笑，優雅地問候別人的同時，往往也徹底改變了我們。這可以從生理學來解釋；因為微笑向下深入的程度相當於打呵欠，可以使喉嚨、肺和心臟逐漸鬆開。醫生在他的處方裡，找不出一個像微笑這麼有效、這麼順暢的良藥。

微笑有許多好處，對於接受微笑的人來說是如此，當然，前提是這個微笑是誠懇的；對於露出微笑的人而言何嘗不是如此。微笑會使身體和心靈感到平靜。因為微笑與心靈之間的關係是雙向的：如果我們的心靈快樂，會使我們的臉部露出微笑；然而如果我們的臉感到快樂，也會使我們的心靈想要微笑。

有時候，生活中沒有什麼值得微笑的事情，那就不要微笑，笑了也沒有用，只會尷尬，甚至痛苦。可是往往，我們可以發自內心微笑的時刻，不只是當一切都非常順利，當有好事情發生在我們身上時，也包含了生活一切如常，或者當我們遭遇的只是小小的逆境時。

那麼，在平凡生活中的時刻，我們為什麼不微笑呢？

練習‧‧‧ Exercise

現在，比方說……停下來，閉上眼睛，如果你願意的話。

你要意識到目前你的身體和你的想法的狀態。

你要意識到你臉部的表情。你的下巴是緊繃或者放鬆？你的額頭肌肉是緊蹙或者鬆開？在這一刻，你怎麼呼吸？

先確定你容許自己可以自在、寬廣、隨心所欲地呼吸……張開你的肩膀，慢慢地站起來……

在這段期間，你的生活過得如何？你面臨了什麼樣的逆境？有哪些幸福和好運是屬於你的？

儘管有一些麻煩，你能不能夠微笑？當你的生活在這段期間有一些小小的幸福降臨時，你能不能微笑以對？

讓一抹微笑慢慢浮現在你的臉上，不必勉強……看看你能微笑到什麼程度……同時你要提醒自己，在這個時刻，你是活著的，這是一件值得回味的事，你在這裡，存在著，而且微微露出笑容，無論接下來你有什麼要面對或者完成的挑戰……

建議……Suggestion

微笑讓人感覺愉快，而且程度遠超乎我們的想像。因此不要錯失任何一個可以微微一笑的機會。

如果我們正面臨重大的困難，千萬不要勉強自己微笑。但是當我們的生活一切如常時也千萬不要忘記微笑，要經常微笑，輕輕的，含蓄的，發自內心的，在街頭，在地鐵裡，在夜晚躺在床上即將睡著之前。

一起微笑吧，現在，為了每一次我們無法微笑的時候，也為了提醒自己，我們很幸運能夠在這裡，活著。

38

善待自己

蒙田（Montaigne，法國哲學家）

在所有的疾病中，最兇險的，就是輕視自己的存在。

何謂善待自己？這不是自我中心（總是把一切都歸於自己），不是自戀（總是以自己為出發點），也不是自我滿足（總是為自己找藉口）。善待自己，其實只是表現的尊重自己，溫柔對待自己，尤其是在遭受痛苦的時候。如何評估我們是否善待自己？或許可以從自我受到傷害時，例如失敗、被拒絕時的反應看得出來。這種時候會發生什麼事？我們是否自暴自棄，出現攻擊自己、懲罰自己、對自己發脾氣的反應？我們是否批判自己、垂頭喪氣、孤立退縮、一蹶不振？這麼多傷害自己的方式，阻斷了我們獲得鼓勵的機會。或者我們感受到的是一股對於溫柔、安慰、補償的渴望？

當一個小孩子跌倒了，受傷哭泣時，我們會先做什麼？先懲罰他、教訓他，還是先安慰他，緩和他的情緒，處理他的傷口？

善待自己，就是這麼一回事：當我們受傷時，先安慰自己，緩和自己，補償自己；之後再修正錯誤，以免下次又跌入同一個陷阱裡，而且千萬不要傷害自己，千萬不要。人生本來就會自行製造傷害，不勞我們費心。

練習 •••• Exercise

停下你手上正在做的事，才能意識到你的呼吸……平靜地呼吸……

想起一件傷心事，一個近期的痛苦，一項憂慮，一個在你眼中代表失敗的事件，一次被拒絕，一項威脅……無論其重要性如何，當時它造成了你的痛苦。

回想當這件事發生時，你最初的反應是什麼？於是你做了什麼？你的直接反應是繼續，不要停下來？你的反應是忽視你的痛苦？或者你的反應是呻吟，對著你自己或者別人抱怨？你會壓抑或者會去想你的痛苦？或者更糟糕，你的反應是羞辱自己、攻擊自己、貶低自己？其實還存在著一條不同的路，包含三個階段……

第一個階段是「正念」。當你受到傷害時，先停下來，不要轉移到另一件事，你要花時間去感受、接納、觀察，此時此刻，在你的體內有些什麼被留下來……評估發生了什麼事，你有什麼感覺，現在，在你的肌肉裡，在你的身體裡；觀察這項痛苦讓你產生了哪些想法，哪些衝動……

第二個階段是「人類的屬性」。你要意識到你所面臨的痛苦並不是獨一無二的，並非異常，只是整段人生的其中一刻，而且就在這一刻，有數以百萬計的其他人跟你有相同的感受。這裡要告訴你的並不是「不要抱怨」，而是「你不孤單」。

第三個階段是「識別」。面臨苦惱的時候，你的衝動會朝向哪裡？是朝向自我批判或者厭惡，是針對別人還是針對自己？你會想要傷害自己還是傷害別人？再想一想，此刻，你真正而且優先需要的是什麼？難道不是溫柔的對待和安慰？

好了，你已經明白善待自己和安慰自己的必要性：當人生令我們受苦時，我們就安慰自己，補償自己；接下來我們才可以看得更清楚該做什麼，如何下決定……

建議 •••·· Suggestion

善待自己所傳達的訊息，就是沒有必要讓自己遭受雙重的痛苦。人生負責對我們射出第一箭，因為，從一開始，我們的第一道傷害就是來自於事實。沒有必要虐待自己、攻擊自己、批判自己，或者忽略自己有被安慰和補償的需求，為自己加上第二道傷害、第二重痛苦。

照顧自己才是最好的作法，以免被抱怨、胡思亂想和厭惡感困住，因而遠離任何形式的補償、安慰與明智的舉動。

以對自己友善的態度活著，也可以幫助我們跟世界友善相處。

39

啟蒙

巴斯卡·基亞（Pascal Quignard，法國小說家）

一九九四年四月的某一天，那天的天氣很好，陽光耀眼，我從羅浮宮走出來，為什麼突然加快了腳步？一個男人加快腳步跨越塞納河，他看到皇家橋的河面上閃爍著一整片白花花的水光，他看到波恩街的上方有一大片藍天，他一邊跑一邊推開瑟巴斯提恩波坦街上的一扇沉重的木門，他一口氣辭掉所有的工作。我們不能既是監獄的警衛，又是逃獄的人。

我們就有話直說：「如果你冥想只是為了啟蒙、超脫、頓悟、狂喜，現在就可以放棄了。這不是冥想的目的，而且這不切實際。」

可是，即使你不是大師或偉大的神祕主義者，做正念練習時，也常常會經歷一些令人困惑的時刻。這種時刻，找不到合適的字眼描述我們所經歷的奇妙感受，那種感受就好像我們掉進了另一個世界，在那個世界裡，我們感覺平靜而篤定，我們的恐懼消失無蹤，從前會感到神奇的事，現在卻顯得如此必然。通常，這種感受不會持久；而且接下來我們很難去理解或描述發生了什麼事，它就是這麼無法磨滅又難以描述。有時候，就像序言引述巴斯卡．基亞的話，這種奇妙的啟蒙會讓我們做出徹底而激進的決定。有時候表面上看不出任何改變，卻影響我們一生，就像撕開一層紗，窺見一項照亮我們心靈的深刻真理。然而，究竟是哪一項？

接下來並不是啟蒙的練習，只是關於冥想的　些意見。不過，誰知道呢！

練習•••• Exercise

坐下來，無論你身在何處，你沒有其他的目的，只想體會這一刻，你正在經歷的這獨一無二的時刻……

對於你所度過的一刻又一刻，你捨棄一切形式的理解與分析……

你只要體會，純粹而別無所求的體會：體會你的呼吸……體會聲音……體會你的身體……

任由你的想法來來去去，就像孩子們在院子裡玩耍喧鬧，讓它們跑過去，到遠處玩耍，你不奉陪……

然後盡你所能去意識到你屬於這個世界……我們往往把自己封閉起來，在我們和其他人，在我們和世界之間，築起高牆……我是我，其餘的是其餘的；我是我，其他人是其他人……這些區別就算了吧……

讓你的心靈去追求這種「屬於世界」的不尋常感受……我們的身體，我們的心靈，只不過是這個宇宙的一小部分，然而它們也是這個宇宙組成的一部分……聽聽作家帝奇亞諾．坦尚尼（Tiziano Terzani）怎麼說的：「捨棄一切，捨棄你所知道的一切，捨棄、捨棄、捨棄。不要怕什麼都沒有，因為，到最後，支持你的就是這個沒有……」聽聽哲學家西蒙娜．韋伊（Simone Weil）的說法：「一個人的靈魂把身體當成整個宇宙，甚至認同這個宇宙。」

再一下子，不要動，呼吸，感受宇宙……

建議‧‧‧‧Suggestion

如果你在冥想的時候，經歷過幾次超越的時刻，你可以高興，但千萬不要試圖重現這種經驗，第二天早上就想再來一次。

當你下次回來坐在冥想的凳子上時，你只需要不厭其煩地追求你體會世界的品質。

遲早會有下一個恩賜出現。不過，目前的你甚至無法想像到時候你會有什麼表情。

40

事物終了

克里斯汀・波旁（Christian Bobin，法國詩人）

要讓一件事結束，就得有另一件事開始。然而開始，是不可能預見的。

我很喜歡好朋友波旁的這句話，不過倒過來也完全說得通：「要讓一件事開始，就得有另一件事結束。」

這是本書的最後一篇。我們來到某件事的結尾，現在，如果有另一件事以此結束為起點而展開，那就太好了。

進行這些短時間練習的過程中，我們嘗試著，包括你和我，盡其所能地親身體會我們的生活，更認真去體會這個世界，體會其他的人，體會我們自己。我們在練習時投入了全部的自己，不只是心靈，而是我們的整個人，包含身體。

我們明白何謂心靈上的「身體註記」，這個學術用語的意思是曾經在心靈上發生的一切，都會在身體內繼續回響。我們一起發現與體驗到身體如何幫助我們面對問題與困境，有時候還包含一些奧祕，光憑我們的心智與意願，往往沒有辦法完全解釋或釐清。我們一起看到冥想不僅是知性的鍛鍊，也是身體的活動，那麼，這最後一次，讓我們一起來體驗它。

練習 •••· Exercise

只要花時間去感受我們的呼吸，這個珍貴的夥伴幫助我們度過一切，了解一切，品味一切……

意識到空氣通過我們的體內，經由每次吸氣，經由每次吐氣……

意識到我們胸部的動作，腹部的動作，在每一次吸氣，每一次吐氣時……

花時間感受我們的身體，此時此刻……我們的整個身體正在呼吸，平靜地……

花時間傾聽世界的喧囂，一秒接著一秒……花時間觀察我們的思緒飄過去，就像我們心靈天空的雲朵……

花時間看著我們的心思跑到別的地方……

花時間去意識到這一點，並且把心思拉回到此時此地……

花時間為我們能夠在正念的情況下度過這一切而感到喜悅……

建議‧‧‧‧‧‧Suggestion

事物終了，很美好。

黃昏，很美好。

不過還有更美好的，那就是黎明。別忘了，「要讓一件事開始，就得有另一件事結束……」

這個小小的冥想練習系列結束了，希望你會因為我們的相會，比以前更想要長時間、深入、規律地繼續冥想，希望你會想要展開新的生活，專注地體會，以正念看待支持我們存在的一切。

感謝你陪在我身邊一起探索冥想世界的小徑。尤其是，從今以後的每一天，都要想著：好好體會你的生活……

感謝

由衷感謝桑德琳．泰內（Sandrine Treiner）與貝琳．多拉（Béline Dolat），規畫推出了這個於二〇一六年夏天在法國文化廣播電台每日播出的節目計畫，並且信任我，交由我來執行（書中內容來自此電台節目）。

蘇菲德西．佛利（Sophie de Sivry）與卡特琳．梅耶（Catherine Meyer），我在L'Iconoclaste出版社的超級好朋友與編輯，以其一貫的才華與睿智，提供我建議與協助。

奧利維耶．海勒（Olivier Helle），本計畫的聲音工程師，總是面帶微笑，友善而且效率十足。

我的病人們，在一次又一次看診時，向我敘述他們如何在一整天的生活中運用正念。他們是這項計畫的靈感來源。

廣　告　回　函
台北郵局登記證
台北廣字第2780號

地址：　　　　縣/市　　　　鄉/鎮/市/區　　　　路/街

段　　　巷　　　弄　　　號　　　樓

SANYAU

三友圖書有限公司 收

SANYAU PUBLISHING CO., LTD.

106　台北市安和路2段213號4樓

SANYAU
三友圖書
讀書俱樂部

「填妥本回函，寄回本社」，即可免費獲得好好刊。

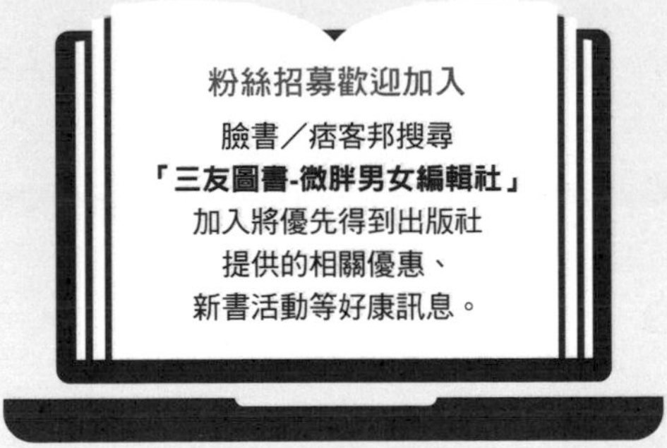

四塊玉文創╳橘子文化╳食為天文創╳旗林文化
http://www.ju-zi.com.tw
https://www.facebook.com/comehomelife

【黏貼處】對折後寄回，謝謝。

親愛的讀者：

感謝您購買《冥想：每天，留3分鐘給自己》一書，為感謝您對本書的支持與愛護，只要填妥本回函，並寄回本社，即可成為三友圖書會員，將定期提供新書資訊及各種優惠給您。

姓名＿＿＿＿＿＿＿＿＿＿ 出生年月日＿＿＿＿＿＿＿＿＿＿

電話＿＿＿＿＿＿＿＿＿＿ E-mail＿＿＿＿＿＿＿＿＿＿

通訊地址＿＿＿＿＿＿＿＿＿＿

臉書帳號＿＿＿＿＿＿＿＿＿＿

部落格名稱＿＿＿＿＿＿＿＿＿＿

1 年齡
□18歲以下 □19歲～25歲 □26歲～35歲 □36歲～45歲 □46歲～55歲
□56歲～65歲 □66歲～75歲 □76歲～85歲 □86歲以上

2 職業
□軍公教 □工 □商 □自由業 □服務業 □農林漁牧業 □家管 □學生
□其他＿＿＿＿＿＿＿＿＿＿

3 您從何處購得本書？
□博客來 □金石堂網書 □讀冊 □誠品網書 □其他＿＿＿＿＿＿＿＿
□實體書店＿＿＿＿＿＿＿＿

4 您從何處得知本書？
□博客來 □金石堂網書 □讀冊 □誠品網書 □其他＿＿＿＿＿＿＿＿
□實體書店＿＿＿＿＿＿ □FB（三友圖書－微胖男女編輯社）
□好好刊（雙月刊） □朋友推薦 □廣播媒體

5 您購買本書的因素有哪些？（可複選）
□作者 □內容 □圖片 □版面編排 □其他＿＿＿＿＿＿＿＿

6 您覺得本書的封面設計如何？
□非常滿意 □滿意 □普通 □很差 □其他＿＿＿＿＿＿＿＿

7 非常感謝您購買此書，您還對哪些主題有興趣？（可複選）
□中西食譜 □點心烘焙 □飲品類 □旅遊 □養生保健 □瘦身美妝 □手作 □寵物
□商業理財 □心靈療癒 □小說 □其他＿＿＿＿＿＿＿＿

8 您每個月的購書預算為多少金額？
□1,000元以下 □1,001～2,000元 □2,001～3,000元 □3,001～4,000元
□4,001～5,000元 □5,001元以上

9 若出版的書籍搭配贈品活動，您比較喜歡哪一類型的贈品？（可選2種）
□食品調味類 □鍋具類 □家電用品類 □書籍類 □生活用品類 □DIY手作類
□交通票券類 □展演活動票券類 □其他＿＿＿＿＿＿＿＿

10 您認為本書尚需改進之處？以及對我們的意見？
＿＿＿＿＿＿＿＿＿＿＿＿＿＿＿＿＿＿＿＿

感謝您的填寫，
您寶貴的建議是我們進步的動力！

【黏貼處】對折後寄回，謝謝。

每天，留3分鐘給自己

冥想

作者 克里斯多夫・安德烈(Christophe André)
譯者 彭小芬
編輯 吳嘉芬
校對 吳嘉芬、徐詩淵
封面設計 曹文甄
美術設計 劉錦堂

發行人 程顯灝
總編輯 呂增娣
主編 翁瑞祐、徐詩淵
編輯 鄭婷尹、吳嘉芬、林憶欣
美術主編 劉錦堂
美術編輯 曹文甄
行銷總監 呂增慧
資深行銷 謝儀方
行銷企劃 李昀

發行部 侯莉莉
財務部 許麗娟、陳美齡
印務 許丁財

出版者 四塊玉文創有限公司

總代理 三友圖書有限公司
地址 一〇六台北市大安區安和路二段二一三號四樓
電話 (02)2377-4155
傳真 (02)2377-4355
E-mail service@sanyau.com.tw
郵政劃撥 05844889 三友圖書有限公司

總經銷 大和書報圖書股份有限公司
地址 新北市新莊區五工五路二號
電話 (02)8990-2588
傳真 (02)2299-7900

製版印刷 皇城廣告印刷事業股份有限公司
初版 二〇一八年一月
定價 新臺幣三四〇元
ISBN 978-986-95765-1-2(平裝)

SAN YAU
http://www.ju-zi.com.tw
三友圖書
友直 友諒 友多聞

國家圖書館出版品預行編目(CIP)資料

冥想：每天,留3分鐘給自己 / 克里斯多夫・安德烈(Christophe André)著；彭小芬譯. -- 初版. -- 臺北市：四塊玉文創, 2018.01
面； 公分
譯自：3 minutes à méditer
ISBN 978-986-95765-1-2(平裝)

1.超覺靜坐 2.自我實現

192.1 106023649